Wie schreibe ich eine Kurzgeschichte?

Annika Kühn

Wie schreibe ich eine Kurzgeschichte?

Mit allen Zutaten für
schaurige Vampirlegenden,
herzzerreißende Liebesgeschichten,
rasante Freundinnenabenteuer,
überraschende Komödien
und kreative Fantasystorys

*Mit Illustrationen von
Jana Moskito*

Schwarzkopf & Schwarzkopf

Inhalt

Gestatten, dein Reiseführer durch das Reich des Schreibens

Ein kleines Vorwort

Jeder große Autor hat mit kleinen Schritten angefangen: mit ersten Gedichten im Kindergarten, Aufsätzen in der Grundschule, Geschichten für Mama und Papa zu Weihnachten. Auch du wirst deinen Weg als Schriftsteller vermutlich nicht mit einem Monumentalwerk beginnen. Eher mit einem winzigen Text, der dir zeigt, wie viel Spaß die Suche nach den richtigen Worten macht und wie aufregend eine Exkursion in die Welt des Schreibens sein kann. Und das ist auch gut so. Johann Wolfgang von Goethe startete seine Laufbahn auch nicht mit *Faust*. Es waren bereits mehr als fünfzig Jahre seines Lebens vergangen, ehe er das bekannteste seiner Werke veröffentlichte. Zwar waren das bei Weitem keine untätigen und keine erfolglosen Jahre, aber eben mehr als fünfzig. Autoren brauchen nun einmal Zeit und Ausdauer, ehe sie dort ankommen, wo sie hinwollen: bei der bestmöglichen Geschichte.

Dieses Buch kann dir vielleicht nicht dabei helfen, sofort zum Bestsellerautor zu werden, oder dir garantieren, dass du es vor deinem fünfzigsten Geburtstag schaffst, Weltruhm zu erlangen, es kann dir aber ein treuer Begleiter auf der Reise zu diesem Ziel sein. Indem es dir die notwendigen Grundlagen vermittelt und dir Tipps mitgibt, soll es dich sicher an allen Gefahren vorbeiführen: um alle erzählerischen Stolpersteine herum, durch das Dickicht deiner Ideen hindurch, an den steilsten Klippen des Stils vorbei, hin zu den Bäumen mit den schönsten Früchten deiner schriftstellerischen Tätigkeit.

Denn so unterschiedlich die Wege von Autoren auch sind, zu den besten Ergebnissen ihres Schaffens gelangen sie nur, wenn sie beim Schreiben einigen, immer gleichen Hinweisen folgen. Im Grunde beinhalten alle guten Geschichten nämlich die gleichen Elemente, halten sich an gewisse Strukturen, befolgen ähnliche Regeln. Welche es sind, erfährst du in den nachfolgenden Kapiteln. Sie werden dir auch viele der Fragen beantworten, die jeden Autor irgendwann bewegen: Wann wirken meine Figuren lebendig? Was muss ich tun, damit die Handlung spannend wird? Wie soll ich meine Geschichte beginnen? Darüber hinaus sollen dir viele konkrete Beispiele, zahlreiche Übungen und einige Zitate aus aktuellen Bestsellern und Klassikern dabei helfen, die richtigen Abzweigungen auf deinem Pfad zu nehmen.

Doch keine Panik! Dieser Reiseführer gibt dir keine strenge Route vor. Stattdessen lässt er dir Raum für deine eigenen Erkundungstouren. Denn wichtiger, als alle Vorschriften dieser Welt zu befolgen, ist, dass du dir deine Leidenschaft bewahrst und über Dinge erzählst, die dich wirklich berühren. Dir spukt durch den Kopf, wie es wäre, unsichtbar zu sein? Einen Nobelpreis zu gewinnen? Die Welt zu umsegeln? Mit Robert Pattinson rumzuknutschen? Oder eher ihm eine zu scheuern? Kein Problem. Wenn du es nur richtig anpackst, kann aus beinahe jeder deiner Fantasien eine unterhaltsame Geschichte werden. Dazu brauchst du weder die strikte Definition einer Kurzgeschichte noch Vorschriften über typische Merkmale oder Themen dieser Textsorte. Du brauchst nur ein bisschen Mut und ein wenig Hilfe bei der Navigation durch das abenteuerliche Reich des Schreibens. Lass uns aufbrechen!

Annika Kühn,
Berlin 2010

Mit Dank an euch, die ihr immer gesagt habt
»Du musst unbedingt ein Buch schreiben«.
Ich hab's getan, Leute!

Kapitel 1

Die Musen
warten nur darauf,
dich endlich
küssen zu dürfen

Wie du auf Ideen kommst
und woran du
eine wirklich gute erkennst

Zehn Tricks, ein Ziel – Die Idee

Sie steht am Anfang einer jeden Geschichte. Joanne K. Rowling hatte sie während einer Zugfahrt, Stephenie Meyer kam sie angeblich im Schlaf und Jay Asher in einer Ausstellung über den ägyptischen Pharao Tutanchamun – eine richtig gute Idee. Doch so leicht, wie es bei den drei Bestsellerautoren klingt, ist es nicht, ihr zu begegnen. Ideen sind nämlich eigenwillige kleine Wesen, die sich ungern kontrollieren lassen. Sie tauchen in Träumen auf, kriechen einem morgens, wenn man noch im Schlummerstadium ist, in den Kopf oder springen einem während eines Schulausfluges mitten ins Gesicht. Sie sind strahlend und stolz oder schüchtern und verstecken sich. Sie kommen zu Besuch, wenn man sie gerade nicht erwartet hat. Und wenn man sie erwartet, dann lassen sie sich einfach nicht blicken. Kurz gesagt: Ideen sind richtige Diven. Es ist daher hilfreich, wenn man weiß, wie man mit ihnen umgehen sollte und wie man sie anlocken kann, wenn sie wieder einmal keine Lust haben aufzutauchen.

Diese zehn Tricks können dir bei der Suche nach einer Idee für deine Geschichte von Nutzen sein:

Trick 1: Genau hinsehen – denn Ideen tummeln sich überall

Die besten Geschichten liegen auf der Straße. Wenn du dich in deiner Umgebung umsiehst, wirst du bestimmt auf die eine oder andere stoßen. Beobachte im Café doch einmal die anderen Gäste und versuche, an ihrem Gesichtsausdruck und ihrer Körperhaltung zu erkennen, was sie gerade fühlen und erleben: Ist es ihr erstes Date? Oder ihr letztes? Sitzen sie gerade bei einem wichtigen Geschäftsessen? Oder bei einem Kaffee mit Freunden? Und schon ist dein Kopfkino in vollem Gange.

Trick 2: Andere belauschen – denn Ideen schleichen sich gern in Wortgefechte ein

Ein Gesprächsfetzen, eine kuriose Durchsage im Kaufhaus, ein Pärchen, das sich auf der Straße anschreit – nahezu alles kann zum Ursprung einer tollen Idee werden. Manchmal genügt es schon, den MP3-Player auszuschalten und den Unterhaltungen in der U-Bahn zuzuhören, um etwas mit Potenzial aufzuschnappen: Eine junge Frau schimpft am Telefon über ihren Mitbewohner, den »Gemüse-Sheriff«. Wunderbar, nun brauchst du dich nur noch zu fragen, was ein Gemüse-Sheriff ist, wo man ihn treffen kann und warum sein Herz ausgerechnet für Gemüse schlägt. Und schon hast du mit Sicherheit eine erste Idee für deine Geschichte.

Trick 3: Viel lesen – denn (fast) jede neue Idee hat einen alten Kern
Wer ein Buch nach dem anderen verschlingt, hat nicht nur einen großen Wortschatz, er hat auch gute Einfälle. Denn unsere Ideen sind gar nicht komplett auf unserem eigenen Mist gewachsen. Meist hat sich zuvor ein anderer schon einmal Gedanken über dasselbe Thema oder eine ähnliche Figur gemacht. Oder hat Stephenie Meyer etwa die Vampire erfunden? Nein, sie hat sie für ihre *Bis(s)*-Romane nur weiterentwickelt. Auch dir können Geschichten anderer Autoren Denkanstöße geben. Pfropfe dein Gehirn mit so vielen Informationen wie möglich voll, dann ist es beschäftigt und wird früher oder später etwas ausspucken, das es in dieser Art noch nicht gegeben hat.

Trick 4: Brainstorming – denn von hundert Ideen ist garantiert eine richtig gut
Was du brauchst: ein Blatt, einen Stift und Zeit. Was darüber hinaus nicht schaden kann: ein gemütlicher Sessel und ein paar Süßigkeiten. Schreibe auf das Blatt zunächst ein Thema deiner Wahl, zum Beispiel »Liebe«. Dann lehn dich zurück und denke darüber nach, was du alles damit verbindest: einen Mann, eine Frau, Herzen, Vertrauen, Verletzlichkeit, Kribbeln, Küssen, gemeinsames Frühstück, den Facebook-Eintrag »vergeben« … Halte selbst deine wunderlichsten Einfälle fest. Am Ende wirst du einen vollgekritzelten Zettel haben, auf dem viel Quatsch und einiges Sinnvolles steht. Such dir den Einfall heraus, der dir am vielversprechendsten erscheint, und starte eine neue Runde mit

diesem Begriff. So kannst du einer grandiosen Idee Schritt für Schritt näherkommen.

Trick 5: Mit anderen reden – denn sie haben auch Ideen

Wenn dir absolut nichts einfällt, dann jammere in Gegenwart deiner Freunde und deiner Familie darüber. Das wirkt nicht nur befreiend, sondern im besten Fall auch inspirierend. Immerhin können andere einen auf etwas stoßen, an das man bisher noch nicht gedacht hat. Und schwupp, ist sie da, eine neue Idee.

Trick 6: Gedankensprünge zulassen – denn Ideen lassen sich ungern bändigen

Gerade hast du noch über einen Helden, der Tag für Tag Menschen glücklich macht, nachgedacht und plötzlich hast du riesigen Appetit auf ein Käsebrötchen? Aber du glaubst, dass das in diesem Moment nichts zur Sache tut? Falsch. Denn erstens: Mit knurrendem Magen schreibt es sich ausgesprochen schlecht. Und zweitens: Das Käsebrötchen könnte deine Geschichte zu einer außergewöhnlichen machen. Vielleicht erkennt deine Hauptfigur ihre Bestimmung ja nur, weil sie eines Tages ein Käsebrötchen an einen Obdachlosen verschenkt. Oder die Zwischenmahlzeit ist der entscheidende Hinweis, mit dem dein Held ein Verbrechen aufklären und einen Bösewicht stoppen kann. Wenn du Einfälle hast, die du erst einmal nicht zuordnen kannst, notiere sie dir am besten für später und vielleicht wird das Käsebrötchen dann zum bedeutsamen Element deiner Geschichte, wer weiß!

Trick 7: In der eigenen Vergangenheit graben – denn dein Leben bringt die besten Ideen zutage

Ein Tagebuch kann nicht nur ein guter Einstieg für junge Autoren ins Schreiben sein, sondern auch eine ergiebige Quelle für Ideen. Denn viele deiner Erlebnisse eignen sich als Ausgangspunkt für eine Geschichte: deine letzte Beziehung zum Beispiel, oder ein Konkurrenzkampf in der Schule. Doch Achtung: Gerade bei sehr persönlichen Texten besteht höchste Gefahr, dass sie einseitig werden, wenn der Autor seine Erlebnisse noch nicht ausreichend verarbeitet hat. Greife also erst dann auf deine Erfahrungen zurück, wenn du über die Trennung oder die Rivalität hinweg bist. Dann wird dir das Schreiben nicht nur mehr Spaß machen. Du wirst alle Figuren und ihre Beweggründe besser beleuchten können und vermeiden, deinen Leser mit Vorurteilen zu verärgern. Obendrein solltest du dir vorab darüber im Klaren sein, dass es sehr viel härter ist, Kritik einzustecken, wenn man über sehr private Dinge schreibt. Du solltest Kommentare wie »Das Problem hätte ich anstelle der Hauptfigur aber ganz anders gelöst« oder »Was für 'ne naive Person« verkraften können, wenn du dich an eine Geschichte über dein Leben wagst.

Trick 8: Radio hören, Zeitung lesen, fernsehen – denn manchmal genügt ein fremder Satz für eine Idee

Versuch mal, dich von einer Kurzmeldung im Radio oder den Acht-Uhr-Nachrichten auf ein Thema bringen zu lassen. Erst kürzlich schrieben die Zeitungen »Polizei nimmt Wurstdieb fest«? Dann mach daraus doch eine Geschichte über jemanden, der seine Freiheit aufs Spiel setzt, weil er Hunger hat. Oder schreibe über die Jagd auf einen Verbrecher, der im großen Stil Fleischwaren aus einem Lagerhaus gestohlen hat.

Trick 9: Sich in die richtige Stimmung bringen – denn auch Ideen haben es gern gemütlich

Wenn man kreativ sein will, sollte man sich wohlfühlen. Frage dich deswegen zuallererst: Wo kann ich bequem, konzentriert und ohne ständig gestört zu werden, schreiben? Und dann stell dir eine Tasse Tee hin und schalte den MP3-Player ein. Musik schafft nämlich nicht nur eine angenehme Atmosphäre, sie kann es dir auch erleichtern, dich in eine bestimmte Situation zu versetzen. Wenn dir die Worte fehlen, um eine bedrückende Szene auszuformulieren, dann such nach ein paar langsamen, traurigen Songs und du wirst sehen, bald löst sich der Knoten in deinen Gedanken. Natürlich birgt es auch ein Risiko, wenn man während des Schreibens den MP3-Player rauf und runter laufen lässt: Man verpasst die neuesten Gesangsversuche der Nachbarin oder die Schimpftiraden des alten Mannes von nebenan. Beide könnten ja durchaus inspirierend sein. Die Alternative, wenn du dir das keinesfalls entgehen lassen willst oder dich Musik während des Schreibens zu sehr ablenkt: Höre einfach vorher oder zwischendurch deine Lieblingslieder, um Kraft zu tanken. Du wirst sehen, das hilft, wenn deine Gedanken in einer Sackgasse angelangt sind und sich dort pausenlos im Kreis drehen.

Trick 10: Aufstehen, anziehen, rausgehen – denn auch Ideen brauchen frische Luft
Stundenlang still vor dem Computer zu sitzen ist sowohl ungesund für deinen Rücken als auch für deine grauen Zellen. Lauf daher, wenn du an einer neuen Geschichte tüftelst, am besten ein wenig im Raum herum. Das bringt deinen Kreislauf in Schwung und dein Gehirn auf Hochtouren. Ebenso können Sauerstoff und ein kleiner Spaziergang Wunder wirken, wenn einem nichts Rechtes einfallen will.

Auf der Suche nach Ideen solltest du dir selbst keine Grenzen setzen. Nicht alles, das dir einfällt, muss auf Anhieb genial sein. Sogar aus simplen Eingebungen haben Autoren in der Vergangenheit tolle Geschichten entwickeln können. So hatte Cornelia Funke zunächst nur das Bild eines Mädchens im Kopf, das auf dem Bett sitzt, während draußen vor dem Fenster ein Fremder im Regen steht. Daraus entstanden ist ihr Roman *Tintenherz*. Und Darren Shan kam deshalb auf seine *Mitternachtszirkus*-Saga, weil er sich irgendwann fragte, mit wem Vampire wohl rumhängen würden.

Wer nicht fragt, bleibt dumm ...

Darf ich eigentlich aus anderen Geschichten oder Liedern zitieren, wenn sie mich inspiriert haben?

Ja, du darfst Zitate verwenden – vorausgesetzt, du schreibst mit auf, woher du sie hast. Das heißt: Nenne den Schriftsteller und den Namen des Werkes beziehungsweise den Musiker und den Songtitel. Dann bist du auf der sicheren Seite, wenn du deine Geschichte online stellst oder bei einem Wettbewerb einreichst. Auf lange Ausschnitte und komplette Liedtexte solltest du aber verzichten, wenn du deine Geschichte veröffentlichen möchtest. Sie unterliegen dem Urheberrecht und dürfen nur mit Zustimmung des Autors verwendet werden.

Das Wichtigste, damit aus einer Idee etwas werden kann, ist, dass du sie nicht auf später vertröstest, wenn sie dich einmal ereilt hat. Wenn du sie nämlich nicht sofort einfängst und festhältst, ist sie im nächsten Moment verschwunden. Und zwar mit Sack und Pack und ohne je wiederzukehren. Denn Ideen sind sehr ungeduldig. Also solltest du am besten immer etwas zum Aufschreiben mit dir herumtragen – sei es dein Handy, in das du Notizen eingeben kannst, oder Stift und Papier. Viele Autoren haben als ständigen Begleiter sogar ein richtiges Projektbuch, in dem sie einzelne Sätze, Eindrücke oder Namen sammeln. Auch du solltest jedes noch so kleine Detail aufschreiben, das dir wichtig und für deine Geschichte nützlich erscheint.

Richtig gute Ideen brauchen außerdem Zeit zum Wachsen. Versuch also, dir hin und wieder ein paar ruhige Minuten freizuschaufeln, um deine ersten Einfälle auszubauen. Gelegentlich kann es sich auch bezahlt machen, beim Durchforsten deiner Aufzeichnungen zwei unterschiedliche Ideen miteinander zu kombinieren. Ein kleines Gedankenspiel: Du hast auf einer Seite alles zum Thema »Urlaubsflirt« festgehalten und auf einer weiteren das, was dir zu den Bewohnern eines weit entfernten Planeten eingefallen ist. Wie könntest du die Aliens und die Ferienliebe in einer Geschichte unterbekommen? Na? Die Außerirdischen könnten zum Beispiel eine Urlaubsreise zur Erde machen und einer von ihnen verliebt sich währenddessen unsterblich in einen Menschen. Oder die Managerin eines in die Jahre gekommenen Urlaubshotels stammt eigentlich von einem anderen Stern und will gerade dorthin zurückkehren. Doch dann setzt der schönste Mann, den sie je gesehen hat, einen Fuß in ihr schäbiges Gästehaus.

Zugegeben, beide Geschichten sind vielleicht ein bisschen abwegig. Dennoch solltest du es ausprobieren, verschiedene Einfälle miteinander zu verknüpfen – auch wenn die Gefahr besteht, dass du etwas entwickelst, das am Ende untauglich ist. Gerade die Ideen, die einem zuerst miteinander unvereinbar erscheinen, ergeben gemeinsam oft eine vielversprechende Grundlage für eine Geschichte.

Drei dienliche Denkanstöße

Sogenannte Kreativübungen können dich auf neue Gedanken bringen. Teste deinen Einfallsreichtum mit diesen drei Aufgaben:

1. Nimm dir einen Duden zur Hand, schließ die Augen, schlag irgendeine Seite auf und tippe blind auf ein Wort. Wiederhole das Ganze viermal und schreib dann zehn zusammenhängende Sätze, in denen alle fünf Wörter vorkommen.

2. Bilde aus den Buchstaben des Wortes »Genie« so viele sinnvolle Sätze wie möglich. Du hast fünf Minuten Zeit. Damit es etwas leichter für dich wird, hier zwei Beispiele:
   Gabriella erzählt nie interessante Einzelheiten.
   Günthers eigentlicher Nachname ist Ernst.

3. Schreib eine kurze Szene, in der es zum ersten Kuss zwischen einem Jungen und einem Mädchen kommt. Du sagst, das ist leicht? Keineswegs, denn du darfst folgende zehn Wörter nicht verwenden: Lippen, küssen, Geschmack, Duft, Gefühl, Herz, weich, Atem, leidenschaftlich, Hand.

Eine Idee und dann? – Die Kernaussage

Ideen können dich in den unterschiedlichsten Formen heimsuchen: als einzelnes Wort, als mehrere Sätze, in Form eines Dialogs oder als komplettes Drehbuch, das du auf einmal im Kopf hast. Doch nicht alle Ideen sind ein guter Ausgangspunkt für eine Geschichte. Manche sind nicht aufregend genug, andere nicht aussagekräftig oder unbedeutend und wieder andere so lückenhaft, dass sie sich nicht zu einer Geschichte erweitern lassen.

Um zu überprüfen, ob du deinen Einfall weiterverfolgen solltest, kannst du dir diese Fragen stellen:

- Ist meine Idee neu? Auffällig? Interessant?
- Kann ich sie zu einer Handlung ausbauen?
- Und ist sie mir wirklich, wirklich wichtig?

Solltest du diese drei Fragen mit Nein beantworten, ist es das Beste, wenn du deinen Einfall begräbst. Befreie dich völlig von ihm und schaffe in deinem Kopf Platz für neue brauchbarere Ideen. Er ist es nicht wert, dass du ihn weiter mit dir herumträgst. Eine Empfehlung, falls es dir schwerfällt, deine Idee loszulassen: Besuche im Internet mal die Seite *www.ideenfriedhof.com*. Dort kannst du deinen Einfall zur letzten Ruhe betten. Ein gebührender Abschied und großer Spaß!

Wenn du die drei Fragen zu deiner Idee hingegen mit einem klaren Ja beantworten kannst, dann solltest du dich an den zweiten Schritt wagen: Entwickle aus deinem Einfall nun die Kernaussage deiner Geschichte. Was das ist? Ganz einfach: Die Kernaussage ist deine Botschaft an den Leser. Sie ist das, was du ausdrücken möchtest. Das, was dich bewegt. Gute Geschichten werden nämlich nicht nur verfasst, um zu unterhalten. Sie haben auch einen tieferen Zweck: Sie sollen aufrütteln, Mut machen, zeigen, wo es Probleme gibt und wie man sie lösen kann. Der Leser möchte etwas von dir erfahren oder lernen. Tut er es nicht, bleibt er womöglich ratlos zurück und fragt sich am Schluss deiner Geschichte verbittert: Was sollte das denn jetzt?

Manche Kernaussagen tauchen in der Literatur in regelmäßigen Abständen auf. Sie sind vergleichsweise allgemein und eignen sich deshalb als Botschaft vieler, sehr unterschiedlicher Geschichten. Du willst wissen, welche das sind? Diese zum Beispiel:

- Wahre Liebe überwindet alle Hindernisse.
- Wenn man zusammenhält, ist alles möglich.
- Selbst ein Kleiner kann etwas Großes bewirken.
- Der Klügere gibt nach.
- Für jeden gibt es den richtigen Partner.
- Am Ende siegt die Gerechtigkeit.
- In Ausnahmesituationen sind Menschen zu allem fähig.
- Erwachsen zu werden bedeutet Verantwortung zu übernehmen.
- Wer hart arbeitet, wird belohnt.
- Hin und wieder muss man über seinen Schatten springen, um etwas zu erreichen.

Was du dem Leser mit deiner Geschichte auf den Weg geben willst, ist dir überlassen. Du kannst auch gern Kritik an einer Sache oder einem Zustand üben, wenn dir das schon immer unter den Nägel gebrannt hat. Vielleicht wolltest du ja seit einer halben Ewigkeit loswerden, dass Erwachsene Jugendlichen zu wenig zutrauen. Oder du wolltest schon lange mal zeigen, dass Lehrer sich nicht ausreichend Zeit für einzelne Schüler nehmen. Jetzt hast du die Chance.

Behalte aber im Kopf, dass dir deine Kernaussage im besten Fall ein echtes Anliegen sein sollte. Warum? Wenn du dein ganzes Herzblut und deine Leidenschaft in eine Geschichte steckst, ist es sehr viel wahrscheinlicher, dass sie dir gelingt. Wenn man wirklich motiviert ist, investiert man einfach mehr Kraft, das Schreiben geht einfacher von der Hand und man bringt einen Text eher zu Ende. Außerdem wird der Leser garantiert am Endergebnis erkennen, ob einem Autor die Botschaft seiner Geschichte wichtig ist.

Wenn du dich für deine Kernaussage entschieden hast, liegt bereits ein großes Stück Arbeit hinter dir. Denn sie legt fest, wohin deine Geschichte führen wird. Immerhin kann ein Text mit der Botschaft »Echte Freundschaft setzt sich durch« kaum unglücklich enden. Zwei dicke Kumpels werden nach einem heftigen Streit also nicht einander die Freundschaft kündigen. Eher werden sie sich trotz aller Differenzen wieder vertragen. Dank deiner Überlegungen hast du den Schluss deiner Geschichte quasi schon fertig, bevor du überhaupt mit dem Schreiben begonnen hast. Wenn das nicht gute Voraussetzungen für deine Geschichte sind …

5 x Ganz unbedingt …	5 x Bitte nicht …
+ mal den MP3-Player zu Hause lassen. Die Menschen auf der Straße erzählen die seltsamsten Dinge. Es lohnt sich, ihnen zuzuhören. Indianerehrenwort.	− eine Idee gleich wieder verwerfen, weil sie einem gerade nicht in den Kram passt. Lieber aufschreiben und später über sie nachdenken.
+ sich auf eine Parkbank setzen, den vorbeigehenden Menschen zusehen und sich fragen: Was machen sie hier? Sind sie traurig oder glücklich? Und wohin gehen sie?	− verzweifeln. Nicht jede Idee ist von Anfang an genial. Aber sie kann es werden.
+ ein Ideenbuch anlegen, in dem alle Einfälle notiert werden.	− sich verkriechen und auf eine grandiose Eingebung hoffen. Lieber raus an die frische Luft gehen.
+ Einfälle wild und wahllos miteinander kombinieren. Das führt manchmal zu einer genialen Idee.	− an einer Idee hängen bleiben. Wenn man einfach nicht weiterkommt, ist es besser, sich von ihr zu trennen und sich einer neuen zuzuwenden.
+ ein Thema auswählen, das einem am Herzen liegt. Der Leser merkt es, wenn einem Autor die Botschaft seiner Geschichte wichtig ist.	− eine Geschichte ohne Aussage schreiben. Der Leser möchte etwas lernen.

RAUM FÜR DEINE IDEEN

Kapitel 2

Gangster, Gnome und die große Liebe

Was du über Genres
wissen solltest

Angenommen, du wolltest heute Abend ins Kino gehen, für welchen Film würdest du dich entscheiden? Für einen witzigen oder traurigen? Für einen romantischen oder gruseligen? Für einen mit fantastischen Gestalten oder einen, der mitten aus dem Leben erzählt?

Wenn du dir diese Fragen beantworten kannst, wirst du wahrscheinlich nicht nur den perfekten Film aus dem Programmheft auswählen können, sondern auch das passende Genre für deinen Text. Zu einem Genre gehören in der Literatur alle Geschichten, die ähnliche Themen aufgreifen, in denen bestimmte Figuren auftauchen und die vergleichbare Gefühle beim Leser hervorrufen. Einige bekannte und beliebte Genres sind:

○ **Die Fantasy-Literatur**
Fantasystorys spielen grundsätzlich fernab unserer Realität. Wie selbstverständlich existieren in ihnen Sagen-, Fabel- und Märchengestalten wie Feen, Drachen, Zwerge, Vampire oder Gnome. Oft handeln sie vom scheinbar aussichtslosen Kampf eines Einzelnen oder einer kleinen Gruppe gegen einen übermächtigen Feind, der die Welt beherrschen will. Während die Charaktere sich ihrer Aufgabe stellen, erfährt der Leser mehr und mehr über die magische und geheimnisvolle Umgebung, in der sie leben.

○ **Die Science-Fiction**
Auch in der Science-Fiction sind häufig übersinnliche Wesen und Märchengestalten anzutreffen. Anders als in der Fantasy-Literatur halten sie sich allerdings an die bekannten naturwissenschaftlichen Gesetze. Denn die Science-Fiction nimmt sich die aktuellen technologischen Entwicklungen zum Vorbild und schildert, welche Auswirkungen sie auf das Leben in der Zukunft haben können.

○ **Der Krimi**
In einem Krimi passiert immer ein schreckliches Verbrechen, das von der Hauptfigur aufgeklärt werden soll. Sie kann ein Detektiv sein, ein Polizist oder auch eine Privatperson, die den

Täter unbedingt schnappen will. Mit ihr begibt sich der Leser auf eine dramatische und nervenaufreibende Spurensuche, die am Ende meist zu einer verblüffenden Lösung des Falls führt.

● **Das Abenteuer**
Der Held einer Abenteuergeschichte verlässt sein sicheres Zuhause und begibt sich auf eine Reise, bei der ihm allerhand gefährliche oder auch komische Dinge geschehen. Der Leser fiebert mit ihm, während er sich in den vielen brenzligen Situationen immer wieder durchsetzt und von einem spannenden Erlebnis ins nächste stolpert.

● **Die Liebesgeschichte**
Wie der Name schon sagt, erzählt dieses Genre von der Liebe. Die Figuren müssen entweder große Hindernisse überwinden, um ein Paar zu werden, oder in ihrer Beziehung riesige Probleme bewältigen. Detailreich und möglichst anschaulich schildert der Autor ihre Gefühle, damit der Leser mit ihnen schmachten und leiden kann.

● **Der Horror**
Willst du eine Horrorgeschichte schreiben, so muss sie eines unbedingt können: den Leser in Angst und Schrecken versetzen. Anders als die meisten anderen Genres wird der Horror nämlich vor allem durch seine Wirkung definiert. Fast immer wird das Leben der Figuren von einem grausamen Monster, einem rachsüchtigen Geist oder einem verrückten Menschen bedroht – und zwar so eindrucksvoll und wirklichkeitsnah, dass dem Leser ein kalter Schauer über den Rücken läuft.

Dies sind nur ein paar Beispiele für Genres – darüber hinaus existieren noch weitere, zum Beispiel die Biografie, in welcher der Lebensverlauf einer Person ganz ausführlich geschildert wird. Abgesehen vom Begriff »Genre« kann man aber auch andere Wörter benutzen, um Literatur in Gruppen einzuteilen, wie »Textsorte« oder »Gattung«. Beispiele gefällig? Der Roman ist eine Gattung und der Bildungsroman eine bestimmte Untergattung des Romans, in dem die Hauptfigur vom Kind zum Erwachsenen heranreift. Zur Gattung Drama gehört zum Beispiel die Komödie, unter die alle humorvollen Theaterstücke fallen. Weil es aber keine griffige Bezeichnung für witzige Geschichten abseits der Bühne gibt, kannst du – der Einfachheit halber – auch sie zu den Komödien zählen. Du siehst, die Sache mit den Literaturarten ist ganz schön kompliziert und auch die Fachleute haben sich noch nicht auf einheitliche Bezeichnungen geeinigt. An den Universitäten gibt es Literaturwissenschaftler, die sich mit nichts anderem beschäftigen als mit der Frage, wie man Literatur bestimmten Gruppen zuordnen kann. Aber das soll dich nicht vom Schreiben abhalten: Schließlich bist du auf dem besten Weg zum Schriftsteller und nicht zum Wissenschaftler.

Am besten versuchst du dich beim Schreiben zunächst an einem Genre, das du magst und gut kennst. Das kann dir nämlich dabei helfen, deine Geschichte möglichst spannend und glaubhaft zu erzählen. Es wird dir leichtfallen, die wichtigsten Regeln des Genres zu beachten und die Erwartungen deiner Leser zu erfüllen. Denn natürlich gehen sie fest davon aus, dass deine Krimifiguren den Verbrecher früher oder später ausfindig machen und dass die Liebenden in deiner romantischen Geschichte Turbulenzen erleben, bis sie endlich zueinanderfinden. Schließlich sind die Leser das gewohnt.

Außerdem kann dein umfangreiches Wissen über eine bestimmte Art von Geschichte sehr inspirierend für dich sein: Immerhin hat es vergleichbare Storys schon vorher gegeben und so kannst du dich von den Ideen anderer Autoren beflügeln und auch ein bisschen leiten lassen. Wie beschreibt Christopher Paolini in *Eragon – Das Vermächtnis der Drachenreiter* den Kampf zwischen Gut und Böse, der für das Fantasy-Genre so typisch ist? Oder welche Spuren verfolgt die Hauptfigur Jette in Monika Feths Krimi *Der Erdbeerpflücker,* um den Mörder ihrer Freundin zu finden? Natürlich solltest du das, was du woanders gelesen hast, weiterentwickeln und abwandeln. Denn sich durch die Geschichten fremder Autoren auf neue Gedanken bringen zu lassen, ist okay, ihre Einfälle zu kopieren, nicht.

Oh nein, ich weiß nicht, wo ich hingehöre

Hier siehst Du einige Figuren, die typisch für ein oder mehrere Genres sind.
Hilf ihnen, wieder nach Hause zu finden, indem du ihnen das richtige Genre zuordnest.
Die Auflösung findest du im Anhang des Buches.

Fantasy   Liebesgeschichte   Krimi   Science-Fiction   Abenteuer   Horror

Obwohl du dich für ein Genre entscheiden solltest, bedeutet das nicht, dass du dich nicht auch an Elementen aus anderen Genres bedienen darfst. Im Gegenteil, brich ruhig eine der Regeln, um den Leser zu überraschen. In der Horrorliteratur tauchen nur selten Liebespaare als Hauptfiguren auf? Dann nutz das doch aus und lehre in deiner Geschichte zwei Verliebte das Fürchten. In den meisten Abenteuergeschichten ist der Held dem Leser auf Anhieb sympathisch? Dann schick doch einen Fiesling in die Welt hinaus, der sich dank der vielen Herausforderungen irgendwann bessert.

Starautoren verknüpfen gern verschiedene Genres und auch Untergattungen miteinander, wie folgende Beispiele zeigen:

- Joanne K. Rowlings Romanreihe *Harry Potter* ist nicht nur eine der erfolgreichsten im Fantasy-Genre, die Geschichte des Zauberschülers ist auch wie ein Bildungsroman angelegt. Die siebenteilige Reihe handelt nämlich nicht nur von Harrys Leben als Zauberer und seinem Widerstand gegen den schwarzen Magier Lord Voldemort, sondern auch von seinem Erwachsenwerden.
- Für ihre *Bis(s)*-Romane hat Stephenie Meyer verschiedene Bauteile aus Fantasy- und Lovestorys verwendet. Die Liebe zwischen dem Vampir Edward und der Sterblichen Bella wird nicht nur durch alltägliche Gefühle wie Eifersucht und Unsicherheit auf die Probe gestellt, sondern auch durch die vielen Gefahren, die in der Welt der Blutsauger und Werwölfe lauern.
- Meg Cabot hat in *Plötzlich Prinzessin* sogar das Beste aus gleich drei Genres vereint: Mia Thermopolis' Weg ins Königshaus von Genovia ist nicht nur witzig wie eine Komödie und steckt voller Märchenelemente, sondern ist auch eine Entwicklungsgeschichte über ein Mädchen, das zur jungen Frau heranreift.

In der Literaturgeschichte hat jedes Genre schon mindestens eine Hochzeit erlebt. Im Moment sind Fantasy-Bücher in allen Buchläden zu finden. Das heißt aber nicht, dass du auf den Zug ins Land der Mythenfiguren aufspringen musst, wenn du doch lieber den Bus ins Jahr 3000 nehmen würdest. Darunter würde nur die Qualität deiner Geschichte leiden. Fühl dich also nicht einem bestimmten Genre verpflichtet, weil du glaubst, dass alle ganz verrückt danach sind. Schreib, worauf du Lust hast. Und unter uns gesagt: Es gibt gewiss eine Menge Science-Fiction- oder Liebesgeschichten-Fans, die sehnsüchtig darauf warten, dass sie mal wieder mit Lesestoff versorgt werden.

Übrigens: Im ganzen Buch sind immer wieder kleine Rezepte eingestreut, die dir bei der Zubereitung von Geschichten aus den verschiedenen Genres helfen. Auf Seite 54 findest du das erste, das dir alle wichtigen Zutaten für eine herzzerreißende Liebesgeschichte nennt. Also: bon appétit!

Wer nicht fragt, bleibt dumm ...

 Ich muss das Genre meiner Geschichte bei einem Wettbewerb angeben. Aber meine Geschichte lässt sich in mehrere Genres einordnen. Was soll ich tun?

Keine Panik. Niemand wird es dir übel nehmen, wenn sich dein Krimi auch um ein Liebespaar dreht. Schreib in den Anmeldungsbogen einfach das Genre, das hervorsticht. Wovon hat deine Geschichte die meisten Elemente? Die Merkmale welches Genres sind am offensichtlichsten? Wenn du das weißt, findest du die richtige Bezeichnung.

RAUM FÜR DEINE IDEEN

Kapitel 3

Willkommen
zu Spannung, Stress
und schweren
Entscheidungen

Wie du mit
der Handlung fesselst

Von der Idee zur Geschichte – Die Elemente der Handlung

Vor nicht allzu langer Zeit, in einem fernen Land, hatte ein Autor eine grandiose Idee für eine Geschichte. Er wusste, was seine Kernaussage sein sollte, und hatte über das Genre sehr genau nachgedacht. Das erschien ihm genug und er schrieb drauflos. Doch es sollte der Tag kommen, an dem er seine Geschichte der Öffentlichkeit präsentierte – und dieser wurde zu einem traurigen Tag für den Autor. Denn seine Leser verhöhnten ihn ob seiner wirren und unschlüssigen Geschichte. Dem Autor brach das Herz, als er herausfand, woran es gelegen hatte: Er hatte sich nur wenig Gedanken über den Verlauf der Handlung gemacht und war deshalb kläglich gescheitert.

Was man von diesem tragischen Schicksal lernen kann: Der brillanteste Einfall macht noch keine interessante Geschichte. Es muss auch eine glaubwürdige, widerspruchsfreie und mitreißende Handlung her. Ihr Grundaufbau ist immer derselbe – egal für welches Genre du dich entschieden hast. Jede packende Geschichte besteht aus drei Teilen:

Einleitung

In der Einleitung erfährt der Leser, mit wem er es zu tun hat und wo sich die Geschichte ereignet. Zudem werden erste Hinweise auf das gegeben, was ihn und die Figuren noch erwartet. Die Einleitung ist nämlich nicht nur da, um den Leser in das Geschehen einzuführen, sie ist auch bestens geeignet, um ihn vom ersten Satz an neugierig zu machen. (Wie du das hinbekommst, erfährst du im Kapitel *Die hohe Kunst der ersten und der letzten Zeile*.)

Hauptteil

Im Hauptteil vollzieht sich die eigentliche Handlung deiner Geschichte. Deine Figuren werden vor eine Herausforderung oder ein Problem gestellt. Sie geraten in Konflikte miteinander. Nach und nach spitzt sich ihre Situation zu. Schließlich erreicht sie ihren Höhepunkt, an dem sich alles zu entscheiden scheint: Die Sorgen der Figuren sind nun am größten und eine

Katastrophe droht. Der Leser denkt: Oh nein, kann das überhaupt noch gut gehen?

○ **Schluss**
Im letzten Abschnitt einer Geschichte kommt es zur Lösung des grundlegenden Problems der Hauptfigur. Dabei muss der Autor nicht immer ein Happy End konstruieren. Genauso gut kann er zwei Figuren auch im Streit auseinandergehen lassen. Dann klärt sich der Konflikt zwischen ihnen zum Beispiel dadurch, dass sie einander nie wieder sehen.

Dieses Grundgerüst wird im Übrigen nicht nur für Kurzgeschichten genutzt. Auch Romane und sogar wissenschaftliche Arbeiten bestehen im Normalfall aus einer Einleitung, einem Hauptteil und einem Schluss.

In einer Kurzgeschichte solltest du dich, wenn möglich, auf einen kleinen Ausschnitt im Leben deiner Hauptfiguren beschränken. Anders als im Roman ist nicht ausreichend Raum für die Schilderung eines längeren Zeitabschnitts vorhanden. Verzichte also lieber darauf, eine Jahrhunderte dauernde Familiengeschichte in einem kurzen Text unterzubringen. Stattdessen könntest du von einer Stunde oder einem Monat berichten, in dem etwas Einschneidendes im Leben deiner Hauptfiguren vorfällt. Nach den Sommerferien war das freundliche Mädchen aus deiner Parallelklasse plötzlich wie ausgewechselt? Beschreibe in deiner Geschichte doch, welches Erlebnis dazu geführt hat, dass sie sich so verändert hat. Du möchtest in deinem Text ausdrücken, wie wichtig es ist, dass man zusammenhält? Dann kannst du zwei Erzrivalen in eine brenzlige Situation bringen, aus der sie sich nur befreien können, wenn sie sich zusammenraufen.

Plane vor dem Losschreiben zumindest grob, was in welchem Abschnitt und in welcher Reihenfolge in deiner Geschichte passieren soll. Am besten schreibst du dir den Handlungsverlauf deiner Story in ein paar knappen Sätzen auf. Denn ehe du dich versiehst, hast du einige Seiten mit den Beschreibungen deiner Figuren, ihrer Vergangenheit, ihren Beziehungen zueinander und anderen Details gefüllt und nicht den Anfang einer Kurzgeschichte, sondern den einer »Langgeschichte« verfasst.

Spielen wir das Ganze einmal durch. Vorausgesetzt, die Idee zu deiner Geschichte lautet: Ein Mann verliebt sich in eine schwer kranke Frau. Und deine Kernaussage soll sein: Es lohnt sich, um die Liebe zu kämpfen. Dann könntest du deine Vorüberlegungen zum Verlauf der Handlung wie folgt festhalten:

○ **Einleitung**
Beim ersten Treffen auf einer Party verliebt sich Michael in Katja. Die lässt ihn aber abblitzen.

○ **Hauptteil**
Denn was Michael nicht weiß: Katja ist schwer krank. Aber Michael gibt nicht auf. Er schreibt ihr Liebesbriefe, lädt sie zum Essen ein. Und es wirkt: Katja reagiert auf sein Werben. Sie treffen sich zu einem Date, bei dem Katja plötzlich umkippt und ins Krankenhaus gebracht wird. Ihren ersten Kuss erleben die beiden in der Notaufnahme. Katja spielt ihren Schwächeanfall herunter und fortan sind die beiden ein Paar. Beim nächsten Arztbesuch erfährt sie jedoch, dass sich ihr Zustand dramatisch verschlechtert hat. Sie möchte nicht, dass Michael aus Mitleid mit ihr zusammenbleibt und mitbekommt, wie sie nach und nach abbaut. Daher macht sie ihn glauben, sie hätte ein Verhältnis mit einem anderen (Höhepunkt). Michael ist verletzt und verlässt sie.

○ **Schluss**
Nach ein paar Tagen, in denen beide unter der Trennung gelitten haben, kommt Michael zu Katja zurück. Er verzeiht ihr ihren »Fehltritt«. Katja ist nun überzeugt, dass er sie wirklich liebt, und gesteht ihm endlich die Wahrheit.

In der Tat wäre eine solche Geschichte ziemlich kitschig. Dennoch zeigt das Beispiel, wie man einen ersten Entwurf machen kann, an dem man sich beim Schreiben orientiert. Natürlich bedeutet es viel Arbeit, ihn überhaupt zu erstellen. Ein Tipp: Ver-

Eine außergewöhnliche Liebesgeschichte – Die Entwicklung deiner Figuren

wende die Was-wäre-wenn-Frage, wenn du feststeckst. Sie kann dir dabei helfen, deinen Handlungsverlauf zu überarbeiten und vielleicht sogar komplett über den Haufen zu werfen, wenn du das Gefühl hast, dass er noch nicht richtig funktioniert. Was wäre zum Beispiel, wenn Michael schon von Katjas Krankheit wüsste und sie ganz umsonst Angst hätte? Und was, wenn Katja tatsächlich fremdgehen würde? Oder wenn sich herausstellen würde, dass Michael auch krank wäre?

Ebenso solltest du dich gelegentlich fragen: Könnte meine Geschichte tatsächlich so passieren? Und würde ich anstelle meiner Hauptfigur das Gleiche tun? Denn auch dass deine Handlung glaubwürdig ist, spielt eine große Rolle. Der Leser mag es nämlich gar nicht, wenn die Figuren vollkommen abwegig reagieren und die Handlung plötzlich eine absurde Wendung nimmt. Das bedeutet: Eine Geschichte sollte immer so geschrieben werden, dass der Leser die Ereignisse und das Verhalten der Figuren auf die ein oder andere Weise nachvollziehen kann. Aber bitte versteh das nicht falsch: Das heißt nicht, dass in deiner Geschichte nichts Überraschendes passieren darf und dass du nur über Dinge erzählen kannst, die wirklich stattgefunden haben. Wenn du es gut erklärst, könntest du Katja durch ihre Krankheit sogar zu einem achtarmigen Kraken mit roten Augen mutieren lassen. Du musst nur darauf achten, dass diese Wandlung für den Leser nicht wie an den Haaren herbeigezogen wirkt. Denn das würde ihn überrumpeln und im schlimmsten Fall würde er sich von dir veralbert fühlen. Wenn du ein außergewöhnliches Geschehnis einplanst, deute es vorab deshalb ganz vorsichtig an. Erwähne zum Beispiel, dass sich Katja einen *sehr* seltenen, *besonders* gefährlichen Virus eingefangen hat, den man bisher nicht heilen kann. Dann wird der Leser erahnen, dass noch etwas auf ihn zukommt, und wissen wollen, was es ist. Dass sie sich in einen Kraken verwandelt, wird ihn in der Folge zwar überraschen, aber nicht dazu bringen zu sagen: »Also wirklich, so ein Quatsch.«

Generell sollte man sich Mühe geben, sowohl Unvertrautes als auch Bekanntes in die Handlung einfließen zu lassen. Mische in deiner Geschichte daher am besten bekannte Gefühle mit unbekannten Situationen oder unvertraute Gefühle mit vertrauten Situationen. Anders gesagt: Wenn du eine Fantasystory über eine fremde Welt schreibst, achte darauf, dass deine Figuren so handeln, wie der Leser es wahrscheinlich auch tun würde. Wenn sich deine Geschichte hingegen im Hier und Jetzt ereignet, kannst du deine Figuren mit ungewöhnlicheren Emotionen wie Mordlust und Rachsucht ausstatten. So kannst du dem Leser einen Blick auf etwas Neues gewähren, ohne ihn damit völlig zu überfordern.

Auch Bestsellerautoren wissen, dass es sich auszahlt, Bekanntes und Unbekanntes in einer Geschichte zu mischen:

- Suzanne Collins erzählt in *Die Tribute von Panem – Tödliche Spiele* von alltäglichen Gefühlen wie Liebe und Verantwortungsbewusstsein, die die Figuren in einer andersartigen grausamen Zukunft erleben, in der jeder um sein Überleben kämpft.
- In *Der Joker* von Markus Zusak zeigt der Hauptcharakter in einer unvertrauten Lage nachvollziehbare Emotionen: In Eds Briefkasten landet eine Spielkarte, auf der drei Adressen stehen. Eine Erklärung fehlt. Er weiß zunächst nicht, was er nun tun soll. Schließlich treibt ihn die Neugier zu den genannten Orten.
- Und Cecily von Ziegesar lässt ihr *Gossip Girl* von Intrigen berichten, die man zum Teil auch aus dem eigenen Leben kennt, die aber in der High Society stattfinden, die vielen Lesern fremd ist.

Natürlich gibt es noch einige weitere Faktoren, die die Qualität der Handlung einer Geschichte mitbestimmen: Konflikte, zum Beispiel, und der Spannungsbogen. Wie du mit diesen Bausteinen einer interessanten Geschichte umgehst, erfährst du in den nächsten Kapiteln. Warte deshalb noch, ehe du dich daranmachst, deinen roten Faden zu zwirbeln. Oder wenn du jetzt doch schon beginnen möchtest, dann nutze später die Informationen aus den nachfolgenden Abschnitten, um noch einmal zu überprüfen, ob er bereits perfekt ist.

In acht Sätzen verliebt

Die Handlung in kurzen Sätzen zusammen-
zufassen ist immer hilfreich. Um das zu
trainieren, nimm dir eine Zeitschrift mit einer
Foto-Lovestory zur Hand und versuche, in
maximal acht Sätzen aufzuschreiben, was dem
Paar widerfährt.

Los, nun zettele schon endlich Ärger an – Die Konflikte

Eigentlich bist du total harmoniebedürftig und gehst jeder Auseinandersetzung am liebsten aus dem Weg? Du magst es, wenn sich alle lieb haben und niemand etwas Böses will? Streiten findest du überflüssig und dass alle zufrieden sind, ist das Allerwichtigste für dich? Das ist toll, nur beim Schreiben leider nicht gerade nützlich. Hier musst du nämlich hart durchgreifen und Stunk machen. Werde zum Nummer-eins-Unruhestifter! Denn ohne Konflikte geht's einfach nicht. Oder hast du schon einmal eine Geschichte mit Begeisterung gelesen, in der alle glücklich waren, einander nie widersprochen haben und keinen Kummer hatten? Nicht? Kein Wunder, Eintracht und Einigkeit sind für den Leser alles andere als unterhaltsam.

Darum musst du es schaffen, dass sich die Figuren in deiner Geschichte ordentlich fetzen oder zumindest Schwierigkeiten miteinander haben. Das ist gar nicht so leicht. Die meisten Menschen vermeiden es schließlich, mit anderen Konflikte auszutragen, wenn es nicht notwendig ist. Gestalte die Situation deiner Figuren daher am besten so, dass sie nicht vor ihren Problemen fliehen können, dass sie sich ihnen stellen müssen, da ein Ausweichen ihnen großes Unglück bringen könnte. Am einfachsten ist es, die Hauptfigur (den Protagonisten) mit einem Herzenswunsch auszustatten und den Gegenspieler (den Antagonisten) mit der Absicht, dessen Erfüllung zu verhindern. So hat es Rick Riordan zum Beispiel in *Percy Jackson – Diebe im Olymp* gemacht: Der Protagonist Percy hat das Ziel herauszufinden, wer den Herrscherblitz des Göttervaters Zeus gestohlen hat, aber sein vermeintlicher Freund Luke will ihn davon abhalten.

Aber auch ein nicht ganz so tiefer Griff in die Trickkiste kann ausreichen, um einen spannenden Konflikt aufkommen zu lassen. Wer braucht schon wilde Verfolgungsjagden oder heftige Prügeleien, wenn die Hauptfigur sich in einem atemberaubenden Kampf mit sich selbst befindet? Ganz recht, manchmal kann ein sogenannter innerer Konflikt kräftig dazu beitragen, dass eine Geschichte neugierig macht. Zum Beispiel, wenn dein Held unglaublich beliebt und der Schwarm aller Mädchen ist, sich aber in einen anderen Jungen verliebt hat und daher in einer Zwickmühle steckt: Soll er weiter als Frauenheld durchs Leben gehen, oder zu seiner wahren Liebe stehen? Oder wenn sein bester Freund Drogen nimmt und er ihm geschworen hat, es niemandem zu erzählen, sich aber große Sorgen macht: Wird er sein Versprechen halten oder Hilfe für seinen Kumpel suchen? Wiegt seine Vertrauenswürdigkeit oder sein Verantwortungsgefühl schwerer? Du siehst, es gibt unterschiedliche Möglichkeiten, deine Figuren mit Problemen zu konfrontieren. Genau genommen kannst du vier verschiedene Arten von Konflikten in deiner Geschichte unterbringen:

ᗞ Innere Konflikte
Wie schon angedeutet, befindet sich eine Figur dann in einem inneren Konflikt, wenn sie mehrere unvereinbare Dinge will und deshalb eine schwierige Entscheidung treffen muss. Sie möchte abnehmen und Süßigkeiten essen, treu sein und dennoch einen anderen Mann als ihren küssen, Erfolg haben und trotzdem nicht zu viel arbeiten.

ᗞ Konflikte mit anderen
Solche Konflikte kommen zustande, wenn deine Figuren unterschiedliche Ziele verfolgen und sich gegenseitig Steine in den Weg legen. Ein Mädchen hätte gern einen Freund, aber ihre Eltern verbieten es ihr. Ein Junge wünscht sich nichts mehr, als in Ruhe gelassen zu werden, doch seine Klassenkameraden ärgern ihn unentwegt. Eine Frau möchte gern Kinder bekommen, aber ihr Mann nicht.

ᗞ Konflikte mit der Gesellschaft
Deine Figur gerät dann am ehesten in einen Konflikt mit der Gesellschaft, wenn sie anders als die meisten Menschen ist. Sie wird in einem Unterdrückungsstaat für ihren Drang nach Freiheit angefeindet, im Arbeitsleben benachteiligt, weil sie im Rollstuhl sitzt, oder diskriminiert, weil sie nicht den gängigen Schönheitsidealen entspricht.

⦿ Konflikte mit der Natur

Auch Umwelteinflüsse können deinen Figuren Schwierig-keiten bereiten. Ein Kapitän muss gegen ein Unwetter an-kämpfen, um sein Schiff in den sicheren Hafen zu bringen. Eine Familie überlegt, ihr Haus zu verlassen, weil eine Über-schwemmung droht. Ein Mann begibt sich in einen schweren Schneesturm, um seine schwangere Freundin ins Kranken-haus zu bringen.

Wenn du an einer längeren Geschichte arbeitest, kannst du auch von mehreren Konflikten gleichzeitig erzählen. Isabel Abedi hat den Figuren in ihrem Roman *Lucian* zum Beispiel nicht nur ein Problem beschert:

⦿ Als Rebecca Lucian kennenlernt, ist er ihr unheimlich, den-noch fühlt sie sich zu ihm hingezogen. Sie erlebt einen in-neren Konflikt: Soll sie ihrem Verstand oder ihrem Herzen trauen?

⦿ Weil Rebecca nach einem Treffen mit Lucian zu spät nach Hause kommt, erhält sie Hausarrest von ihrer besorgten Mutter. Rebecca möchte Lucian aber so bald wie möglich wiedersehen. Sie und ihre Mutter stehen in einem Konflikt, der sich im Verlauf der Geschichte immer weiter verschlim-mert.

⦿ Außerdem muss sich Rebecca Auseinandersetzungen mit ih-rem Englischlehrer, ihrer Stiefmutter, ihrer besten Freundin und den Kameraden aus dem Schwimmteam stellen.

Wie du die Konflikte deiner Figuren ausgehen lässt, kannst du selbst bestimmen – je nachdem, was du mit deiner Geschichte aussagen möchtest: Willst du dem Leser zeigen, dass Familien-bande nie ganz zerreißen, so heftig der Streit zwischen Eltern und ihrem Kind auch sein mag? Dann führe deine Figuren am Ende wieder zusammen und lass sie sich vertragen. Willst du, dass deine Geschichte davon erzählt, welch dramatische Kon-

sequenzen es haben kann, wenn man die einzigen Menschen be-
trügt, die einen bedingungslos lieben? Dann lass den Streit deiner
Figuren auch über die letzten Zeilen deiner Geschichte hinaus
weiterbestehen.

Wer nicht fragt, bleibt dumm ...

Wie kann ich eine Schreibblockade überwinden?

*Nicht verzweifeln und weiterschreiben – so irritierend das
auch klingt. Setz dich einfach an ein späteres Kapitel, eine
andere Geschichte, schreib Tagebuch oder dein erstes Ge-
dicht. Und schalte den Perfektionisten in dir aus, der dich
mit seinen »Das ist aber noch nicht gut genug«-Kommen-
taren vom Kreativsein abhält. Quark zu verfassen, ist erlaubt und Rechtschreib- und Grammatikkorrekturen können später gemacht werden – nachdem du den Spaß am Schreiben wiedergefunden
hast.*

Musikalische Selbst-zerfleischung

In ihrem Song *Jein* rappen Fettes Brot über haufenweise Konflikte – vor allem über innere. Hör dir das Lied unter http://www.youtube.com/user/FettesBrotGmbH mal an und schreib auf, zwischen welchen Möglichkeiten die drei Musiker hin- und hergerissen sind.
(Kleiner Tipp: Es sind drei Konflikte.)
Eine Auflösung gibt es im Anhang des Buches.

Das Herz schlägt wie wild – Die Spannung

Spannung ist der Grund dafür, dass der Leser eine Geschichte bis zum Ende verfolgt, dass er bis tief in die Nacht schmökert, obwohl er am nächsten Tag früh aufstehen muss, und dass er es sich verkneift, auf die Toilette zu gehen, ehe er die letzte Seite gelesen hat. Kurz gesagt: Spannung ist der Kleber, der den Leser an deiner Geschichte hält.

Um sie zu erzeugen, musst du Fragen aufwerfen. Nichts fesselt den Leser mehr, als wenn er etwas nicht weiß, das ihn interessiert. Verweigere ihm daher gleich von Beginn an einige Antworten. Lass ihn zappeln, bevor du ihm sagst, wohin deine Figur unterwegs ist oder wozu sie eine Waffe dabeihat. Weil er seine Ungewissheit beseitigen möchte, wird er weiterlesen.

- Versetze deine Figuren in eine scheinbar ausweglose Situation. Werden sie es schaffen, sich zu befreien?
- Lass etwas Schlimmes geschehen. Wer ist dafür verantwortlich und warum hat er es verursacht?
- Baue unerwartete Ereignisse ein. Etwas wie: Deine Hauptfigur kommt nach Hause und die Haustür steht sperrangelweit offen. Der Leser wird sich denken: Das kann doch gar nicht sein, sie hat vorhin noch dreimal abgeschlossen. Was ist geschehen?
- Schicke deine Figuren in ein Rennen gegen die Zeit. In zwei Stunden läuft das Ultimatum der Entführer ab. Wird es ihnen gelingen, das Geld rechtzeitig aufzutreiben?
- Beschere einer Person in deiner Geschichte Visionen. Der Leser wird sich fragen: Wird das alles wahr werden?
- Behaupte etwas, das man dir nicht auf Anhieb glaubt. Der Leser wird dich testen wollen und sich fragen: Na, wie will sie mir das denn jetzt bitte erklären?
- Erfinde einen Gegner, der die Pläne deines Hauptcharakters durchkreuzt. Was wird er nun unternehmen?
- Stell deine Hauptfigur vor eine unglaublich schwierige Aufgabe. Wird sie es schaffen, sie zu lösen?

- Provoziere Missverständnisse. Sie sagt: »Ich will dich nicht heiraten.« Er denkt: Sie liebt mich nicht. Und der Leser bangt: Werden sich die beiden dennoch kriegen?
- Erzähl dem Leser etwas, das die Charaktere in deiner Geschichte nicht wissen. Zum Beispiel, dass einer von ihnen ein Mörder mit ungeheuren Plänen ist. »Glaubt ihm doch nicht!« und »Nun lauft schon weg!« wird der Leser schreien wollen. Doch die Figuren steuern geradewegs auf ihr Unglück zu. Werden sie die Gefahr noch rechtzeitig erkennen? (Da dieser Kniff nur wirkt, wenn du einen auktorialen Erzähler für deine Geschichte ausgewählt hast, solltest du am besten erst das Kapitel *Ja, wer spricht denn da?* lesen, bevor du dich daran wagst, ihn auszuprobieren.)

Obwohl du reichlich Spannung aufbauen solltest, musst du auch darauf achten, dass du den Leser nicht überforderst. Wenn deine Figur über einen Stolperstein nach dem anderen fällt, dann hat sie kaum Zeit zum Luftholen. Gib ihr darum zwischendurch Verschnaufpausen.

Damit der Leser auch zwischen den aufregenden Szenen dranbleibt, braucht deine Geschichte einen Spannungsbogen. Um diesen zu schlagen, muss man zuallererst eine für die Figuren und ihr Schicksal wirklich wichtige Frage aufwerfen. Können sie das Böse besiegen? Wird der Protagonist nach seinem schlimmen Erlebnis je wieder glücklich sein? Werden die beiden Verliebten zueinanderfinden? Im Verlauf deiner Geschichte sollte diese Frage allgegenwärtig sein. Denn weil der Leser ihre Antwort wissen möchte, verschlingt er die Geschichte bis zur letzten Seite. Doch warum heißt der Spannungsbogen eigentlich Spannungsbogen? In jeder guten Geschichte steigt die Spannung Stück für Stück an, erreicht ihren Höhepunkt und fällt dann wieder ab. Anders formuliert: Die wichtige Frage vom Anfang scheint zunächst auf die ein oder andere Weise beantwortet zu werden. Die Sorgen der Figuren häufen sich. Ihre Lage wird immer misslicher, bis es schließlich zur (Beinahe-)Katastrophe kommt – für den Moment scheint alles verloren. Doch dann deutet sich doch noch eine Lösung für ihre Probleme an – diese muss übrigens nicht immer ein Happy End mit sich bringen. Und dann folgt sie schließlich, die Antwort auf die grundlegende Frage. Wenn man dabei den Verlauf der Spannung skizziert, entsteht ein Halbkreis: der Spannungsbogen.

In *Der König von Narnia* hat C. S. Lewis es geschafft, die Spannung über mehrere Erzählschritte hinweg aufrechtzuerhalten. Die Frage, die von den ersten Seiten an im Raum steht, lautet: Kann Narnia gerettet werden? (Achtung: Die Antwort wird dir im nächsten Abschnitt geliefert. Wenn du den Roman noch lesen willst, dann überspringe diesen Teil am besten.)

- Durch Zufall gerät die kleine Lucy in die fantastische Welt von Narnia, wo seit hundert Jahren die böse Weiße Hexe Jadis herrscht und es seither keinen Frühling mehr gegeben hat. Einzig »zwei Söhne Adams und zwei Töchter Evas« können sie laut einer Weissagung von ihrem Thron stürzen. Der Leser fragt sich: Wer sind die vier und wird es ihnen gelingen, den Winter in Narnia zu beenden?

- Nach Lucys Rückkehr gerät auch ihr Bruder Edmund nach Narnia und dort direkt in die Hände von Jadis, die ihn auf ihre Seite zieht. Zurück in der wirklichen Welt erzählt er jedoch nichts davon, auch weil er sich von seinen Geschwistern, allen voran von Peter, unverstanden fühlt. Zuletzt gelangen alle vier Kinder in das Reich der Weißen Hexe. Der Leser ahnt: Susan, Peter, Edmund und Lucy können Narnia befreien. Aber wie?

- Während Lucy, Susan und Peter sich auf den Weg machen, Aslan, den wahren König von Narnia, zu treffen, schleicht sich Edmund ins Schloss von Jadis und verrät ihr diesen Plan. Die Hexe nimmt Edmund gefangen und hetzt seinen Geschwistern ihr Heer auf den Hals. Der Leser denkt: Edmund, du Idiot! Wie können die drei es jetzt noch schaffen?

- Nach einer atemberaubenden Flucht gelingt es Lucy, Susan und Peter, zu Aslan zu gelangen. Auch Jadis trifft kurze

Zeit später bei ihm ein und erklärt, dass sie Edmund töten wird, weil er Verrat begangen hat. Aslan bietet ihr daraufhin ein Tauschgeschäft an: sein Leben gegen das von Edmund. Die Hexe geht darauf ein und Aslan wird von ihren Anhängern getötet. Der Leser verzweifelt: Jetzt ist alles vorbei, das Schlimmste ist eingetreten. Aslan ist tot, Jadis' Soldaten sind in der Überzahl. Wer kann Narnia jetzt noch retten? Der Höhepunkt der Spannung ist erreicht.

● Weil er ein uneigennütziges Opfer gebracht hat, ersteht Aslan wieder von den Toten auf. Gemeinsam mit Lucy und Susan dringt er in das Schloss der Weißen Hexe ein, um die Gefangenen zu befreien. Mit deren Unterstützung gewinnen sie schließlich die Schlacht gegen Jadis und ihr Heer. Die vier Geschwister werden die Könige und Königinnen von Narnia. Der Leser weiß: Alle sind in Sicherheit.

Wie du siehst, hat C.S. Lewis seinen Hauptfiguren nach und nach immer größere Hindernisse in den Weg gelegt und ihre Konflikte immer vertrackter werden lassen und genau dadurch Spannung erzeugt. Die Zweifel an der Befreiung Narnias wachsen beim Lesen mit jeder Seite. Umso glücklicher ist man, wenn es am Ende doch noch zum Happy End für Lucy, Susan, Edmund und Peter kommt.

Immer in Bewegung – Die Entwicklung der Figuren

Du kennst das doch sicher: Vor einem Monat warst du noch eifersüchtig, weil sich dein Schwarm für deine beste Freundin entschieden hat. Du hast ernsthaft darüber nachgedacht, der Trennung der beiden nachzuhelfen und damit eure Freundschaft zu riskieren. In dieser Woche ist dir dein Angebeteter dann allerdings zuvorgekommen, hat per SMS mit deiner Freundin Schluss gemacht und sie dabei auch noch beschimpft. Statt darüber glücklich zu sein, spielst du nun den Seelentröster für sie. Denn jemand, der eine Beziehung so feige beendet, hat deine Liebe sowieso nicht verdient.

Und gesetzt den Fall, es wäre andersherum gewesen und dein Schwarm wäre verletzt worden: Wie hättest du dann reagiert? Ganz anders? Vermutlich. Denn ständig geraten wir in Situationen, in denen wir uns, wäre alles nur ein kleines bisschen besser oder schlechter verlaufen, wahrscheinlich vollkommen anders verhalten hätten. Genauer gesagt: Schon kleine Ereignisse können erheblichen Einfluss auf uns nehmen. Durch Rückschläge, die wir erfahren, Konflikte, in die wir geraten, und Herausforderungen, denen wir uns stellen müssen, entwickeln wir uns nämlich pausenlos weiter. Wir werden mutiger oder zurückhaltender, offener oder verschlossener, glücklicher oder trauriger. Im besten Fall wachsen wir an all den Dingen, die wir erleben. Im schlimmsten Fall zerbrechen wir an ihnen. So oder so, nahezu jede Veränderung in unserem Leben schlägt sich auf unser Handeln nieder.

Das Gleiche sollte auch auf die Figuren in deiner Geschichte zutreffen. Wie im wahren Leben sollten sie etwas aus den Erfahrungen, die sie sammeln, mitnehmen.

Hier einige Beispiele für Ereignisse und Herausforderungen, die zu einem Umschwung im Leben deiner Figuren führen können:

- der Tod eines Familienmitgliedes,
- ein Streit im Freundeskreis oder in der Familie,
- eine ungewollte Schwangerschaft,
- ein neuer Job,
- eine Krankheit,
- ein Bösewicht, der sich der Figur in den Weg stellt,
- eine Trennung,
- ein Verbrechen, das aufgeklärt werden soll,
- ein Unfall, der eine Behinderung zur Folge hat,
- eine neue Liebe oder Freundschaft,
- ein Geheimnis, das enthüllt wird.

Stell dir die Personen, die du erschaffst, am besten als Knetmasse vor: Wenn sie stolpern, bekommen sie eine Beule, und wenn jemand an ihnen zerrt, verformen sie sich. Das Wichtigste dabei: Jede Weiterentwicklung deiner Figuren wirkt sich auch auf die Handlung deiner Geschichte aus. Ist dein Protagonist zu Beginn ichbezogen und wird dann selbstlos, so sollte sich das nicht nur in deinen Beschreibungen von ihm, sondern auch in seinen Aktionen zeigen. Im Endeffekt ist es nämlich so: Deine Figuren werden von den Ereignissen in der Geschichte beeinflusst und beeinflussen wiederum diese. Somit müsste die Handlung, die du um einen ichbezogenen Charakter aufbaust, mit Sicherheit eine andere sein als die, die du für einen selbstlosen schreibst. Anders gesagt: Wenn sich die Persönlichkeit deiner Hauptfigur wandelt, sollte sich die Handlung daran anpassen, und umgekehrt. Das klingt vielleicht ganz schön kompliziert, ist aber eigentlich vollkommen logisch. Diese kleine Zusammenfassung zeigt dir, was es für deine Geschichte bedeutet, wenn sich deine Figuren weiterentwickeln:

- Deine Figuren sollten ein Gedächtnis besitzen und sich ihrer Situation entsprechend verhalten. Immerhin wäre es seltsam, wenn sich dein Hauptcharakter eben noch heftig mit seiner Mutter streitet und dann fröhlich mit ihr Abendbrot isst, oder?
- Deine Figuren sollten aus ihren Fehlern lernen. Wenn sie etwas Schlimmes verursacht haben und dafür büßen mussten, solltest du auch deutlich machen, dass sie ihre Untat nur ungern wiederholen würden. Es sei denn, du möchtest in deiner Geschichte zeigen, dass es auch Menschen gibt, die niemals dazulernen.
- Deine Figuren sollten einander beeinflussen. Deine Heldin könnte durch eine neue Bekanntschaft beispielsweise Vertrauen schöpfen oder Misstrauen entwickeln, ihr Selbstbewusstsein könnte wachsen oder schrumpfen, sie könnte verbittert oder fröhlicher werden – je nachdem, wie sie mit der hinzugekommenen Person klarkommt.
- Deine Hauptfigur sollte ihre Einstellung überdenken. Manche Ereignisse zeigen nämlich nicht nur kurzfristig Wirkung,

sondern haben Bedeutung für das gesamte weitere Leben. Du könntest unter Umständen die Geschichte eines Rassisten erzählen, der von einem türkischen Jungen aus einem brennenden Haus gerettet wird und sich fortan Gedanken macht, ob seine Vorurteile vielleicht alle falsch sind.

Wie du siehst, sind es viele unterschiedliche Dinge, die das Handeln, Denken und Fühlen deiner Figuren in der Geschichte beeinflussen. Soll sich dein Hauptcharakter aber nicht nur ein bisschen, sondern komplett verändern, so musst du dafür sorgen, dass er durch all seine Erlebnisse Stück für Stück in eine bestimmte Richtung gelenkt wird. Geschichten, die von einer 180-Grad-Wende einer Person handeln, werden nämlich schnell unglaubwürdig, wenn du nicht aufpasst. Der Leser wird es nicht verstehen, wenn dein Fiesling plötzlich nur noch gute Dinge vollbringt, ohne dass irgendetwas Folgenschweres in seinem Leben passiert ist. Es ist besser, wenn sich die Figur, die eine so dramatische Kehrtwende erlebt, ein bisschen gegen ihre Veränderung wehrt. Lass den Schurken zunächst an seinem Dasein auf der dunklen Seite zweifeln. Früher haben ihm Schreckenverbreiten und Weltherrschaftsträume irgendwie mehr Spaß gemacht? Fein. Dann könntest du ihn, gelangweilt wie er ist, aus seinem dunklen Reich in die Welt hinausschicken, wo er erstmalig mit dem Guten in Kontakt kommt. Anfangs findet er es sehr seltsam, hilfsbereite und fröhliche Menschen zu sehen. Er wettert über sie, schimpft und bekämpft sie. Aber je mehr Freundlichkeit und Zuneigung ihm begegnen, desto mehr Gefallen findet er an der guten Seite, auch wenn er sich zunächst dagegen sträubt – schließlich kennt er sich doch nur mit dem Bösen aus. Am Ende gibt er seinen Widerstand dennoch auf. Ein möglicher Grund: Er hat das bedeutendste aller positiven Gefühle kennengelernt, die Liebe.

Doch auch wenn sich keine gravierende Veränderung im Leben deiner Figuren vollzieht, so sollten sie am Ende deiner Geschichte trotzdem nicht mehr dieselben wie zu Beginn sein. Sie sollten neues Wissen erlangt, einiges durchgemacht und viele Herausforderungen gemeistert haben. Und wenn du alles richtig gemacht hast, wird der Leser vielleicht sogar ein wenig traurig sein, dass er sie auf ihrem Weg nun erst einmal nicht weiter begleiten kann. Immerhin hat er sie gerade in sein Herz geschlossen, weil sie – wie er – Probleme haben, Höhen und Tiefen durchleben und ihre Entscheidungen aus bestimmten Gründen fällen.

5 X GANZ UNBEDINGT …	5 X BITTE NICHT …
+ deine Geschichte in eine Einleitung, einen Hauptteil und einen Schluss gliedern.	– sich auf eine einzelne gute Idee verlassen. Ohne eine ausgeklügelte Handlung, Konflikte und Spannung nützt sie deiner Geschichte wenig.
+ eine Frage in den Mittelpunkt stellen, die den Leser durch die gesamte Geschichte begleitet: Wird die Gerechtigkeit siegen? Werden sie zueinander finden? Wird die Welt gerettet?	– von Friede, Freude, Eierkuchen erzählen. Das ist langweilig.
+ fragen: Was wäre, wenn …? Das hilft beim Austüfteln des Handlungsverlaufs.	– auf winzige Vorabhinweise verzichten, wenn eine ungewöhnliche Wendung bevorsteht. Der Leser wird völlig überfordert sein.
+ Konflikte schüren. Streit, Probleme und Auseinandersetzungen sind sehr unterhaltsam.	– die Figuren von einer nervenaufreibenden Situation in die nächste stürzen. Das ermüdet den Leser.
+ den Leser etwas zappeln lassen und ihm einige Antworten auf seine Fragen verwehren. Das erzeugt Spannung.	– Handlung und Figuren als zwei losgelöste Elemente einer Geschichte betrachten: Die Handlung beeinflusst die Figuren und die Figuren beeinflussen die Handlung.

RAUM FÜR DEINE IDEEN

Rezept für eine
herzzerreißende Liebesgeschichte

Die Zutaten:

- ein Liebespaar (Ob Mann und Frau, Frau und Frau oder Mann und Mann ist ganz egal.)
- ein großes Problem, durch das sie
  ... gar nicht erst zueinanderfinden
  ... auseinandergebracht werden
- ausgiebige Schilderungen großer Gefühle: Kribbeln, Sehnsucht, Eifersucht, Angst, Wut, Traurigkeit, Enttäuschung, Erleichterung

Die Zubereitung:

Die beiden Hauptfiguren aufeinandertreffen und sich ineinander verlieben lassen. Ihre Gefühle füreinander möglichst eindrücklich schildern. Dann ein großes Problem hinzufügen, das sie auseinanderbringt oder verhindert, dass sie überhaupt eine Beziehung eingehen: beispielsweise eine Feindschaft ihrer Familien, einen großen Alters- oder Standesunterschied, eine Krankheit, ein Missverständnis oder Intrigen. Kräftig durchrühren und nun einige negative Emotionen wie Eifersucht, Angst und Enttäuschung hinzugeben. Ein wenig einkochen und bei den Figuren die Frage aufkommen lassen: Ist es die Liebe wert, dass man für sie kämpft? Eine der beiden Figuren in Aktion treten lassen, um das Problem zu lösen und das Herz des anderen (wieder) zu gewinnen. Schließlich beide Figuren mit einem gemeinsamen Kuss belohnen oder wahlweise in ihr Verhängnis laufen lassen.

Tipp zur Verfeinerung:

Auf Klischees und bekannte Szenen aus Filmen verzichten. Gerade in Liebesgeschichten gibt es Situationen, die unentwegt »verbraten« werden und den Leser daher langweilen: Der Pst-Finger, der der Angebeteten auf die Lippen gelegt wird, ehe der erste leidenschaftliche Kuss folgt. Das romantische Kaminfeuer, vor dem sich die Liebenden in einer kalten Winternacht näherkommen. Der gemeinsame Ritt des Paares am Strand oder in den Sonnen-untergang, nachdem sie ihr Glück gefunden haben. Kitschig, altmodisch und unrealistisch – einfach weglassen!

Gelungene Ergebnisse:

- *Romeo und Julia* ist wohl die bekannteste aller Liebesgeschichten – und vermutlich auch eine der traurigsten: Sie endet mit dem tragischen Tod des Paares. William Shakespeare veröffentlichte sie 1597 und prägte mit ihr nachhaltig das Genre. Unzählige Schriftsteller und Regisseure haben sich seither an der Geschichte der beiden verfeindeten Familien orientiert und sie als Grundlage für ihre Bücher und Filme verwendet.
- Emily Brontë erzählt in *Sturmhöhe* die Geschichte von Heathcliff und Catherine: Er ist ein Findelkind, sie die Tochter eines Gutsbesitzers und seine einzige Vertraute. Obwohl beide einander lieben, heiratet Catherine einen anderen Mann – eine Vernunftehe, die Heathcliff mit aller Macht zerstören will.
- In *Libellensommer* von Antje Babendererde trifft die 15-jährige Jodie auf den Indianer Jay und steht plötzlich vor der Entscheidung: Soll sie ihrem Herzen oder ihrer Vernunft folgen?

Und noch drei schmackhafte Details:

- Liebesgeschichten werden von vielen automatisch in die Schublade »Trivialliteratur« gesteckt. Als Trivialliteratur versteht man alle Texte, die leicht verständlich und für jedermann nachvollziehbar sind. Der Begriff dient Kritikern als Schimpfwort. Dabei gibt es einige Liebesgeschichten, die sogar zur Weltliteratur gehören, darunter *Romeo und Julia* und *Sturmhöhe*.
- In den USA haben Autoren von Liebesgeschichten im Jahr 1981 einen ei-genen Schriftstellerverband gegründet: Die *Romance Writers of America* haben inzwischen über zehntausend Mitglieder. Dagegen ist *DeLiA*, die Vereinigung deutschsprachiger Liebesromanautoren, winzig: Zu ihr ge-hören gerade einmal 68 Schriftsteller.
- Der in Deutschland erfolgreichste Liebesroman des letzten Jahrzehnts ist *P.S. Ich liebe dich* von Cecilia Ahern: Das Buch hat sich über 1,5 Millionen Mal verkauft.

Kapitel 4

Herzlichen Glückwunsch, du bist Doktor Frankenstein

Wie du lebendige Figuren erschaffst

Von innen und außen, von Kopf bis Fuß –
Die Eigenschaften deiner Charaktere

Doktor Frankenstein tüftelte monatelang entschlossen in seinem Labor, ehe er sein Ziel endlich erreichte: Aus leblosem Material schuf er eine laufende, atmende, fühlende Kreatur. Zwar bist du höchstwahrscheinlich kein verrückter Professor, dennoch hast du dir eine ähnlich anspruchsvolle Aufgabe vorgenommen wie Doktor Frankenstein: Auch du musst verschiedene Teile zusammensetzen, um die Personen in deiner Geschichte lebendig werden zu lassen. Im Gegensatz zu dem übereifrigen Wissenschaftler solltest du dir dafür allerdings viel Zeit nehmen und vermeiden zu schlampen. Schließlich willst du dich am Ende nicht vor deiner eigenen Schöpfung fast zu Tode erschrecken – oder schlimmer noch: andere mit ihr zu selbigem langweilen. Neben der Handlung sind die Figuren nämlich das wichtigste Element einer Story. Sind sie oberflächlich, ausdruckslos oder leidenschaftslos, verliert der Leser schnell das Interesse an ihnen.

Darum ist es ratsam, ihnen eine ausgeprägte Persönlichkeit zu verleihen. Hauche ihnen Leben ein, indem du sie mit allerhand unterschiedlichen Merkmalen ausstattest, gib ihnen Stärken und Schwächen mit, lass sie streben und hoffen, versuchen und grandios scheitern. Und stell dir währenddessen immer mal wieder die Frage: Würde ich irgendetwas für meine Figuren empfinden, wenn sie mir begegnen, oder wären sie mir total egal? Eine gute Geschichte braucht nämlich Charaktere, von denen der Leser früher oder später sagt »Hey, mit so jemandem wäre ich gern befreundet« oder über die er flucht »Meine Güte, wenn ich den mal auf der Straße treffe …«. Nur wenn die Figuren in deinem Text den Leser berühren können – sei es, dass sie ihn aufregen oder ihm sympathisch sind –, wird er ihre Erlebnisse auch bis zum Ende der Geschichte verfolgen wollen. Gestalte deine Personen daher am besten »dreidimensional«, das heißt, charakterisiere sie sowohl durch ihr Äußeres wie auch durch unterschiedliche Eigenarten und das Umfeld, aus dem sie stammen.

Meine Hauptfigur

Der Fragebogen auf dieser Seite kann dir bei der Entwicklung deiner Figuren helfen. Fülle ihn für deinen Hauptcharakter aus und finde heraus, wer er wirklich ist.

Name: _____

Spitzname: _____

Alter: _____

Geburtstag: _____

Geburtsort: _____

Aussehen: _____

Kleidung: _____

Schmuck: _____

Stimme und Sprache: _____

Accessoire, das immer dabei ist: _____

Wirkung auf andere: _____

Ausbildung: _____

Beruf: _____

Gesellschaftliche Schicht: _____

Interessen: _____

Hobbys: _____

Lieblingsfarbe: _____

Lieblingsessen: _____

Abneigungen: _____

_____

Ziele: _____

_____

Wünsche und Träume: _____

_____

Innerer Konflikt: _____

_____

Charaktereigenschaften: _____

_____

Gesundheit: _____

Besondere Talente: _____

Stärken: _____

Schwächen: _____

Marotten: _____

Familie: _____

Partner: _____

Freunde: _____

Feinde: _____

Vergangenheit: _____

Um Klischees, wie das der konservativen Bankangestellten oder das des coolen Schul-Rowdys zum Beispiel, solltest du einen großen Bogen machen. Da der Leser solche Figuren schon aus anderen Geschichten kennt, öden sie ihn vermutlich schnell an – es sei denn, du bist in der Lage, seine Erwartungen an sie zu brechen. Wie das geht? In etwa so: Der Schulhofkönig hat nur deshalb eine große Klappe, weil er bei seinen streitenden Eltern zu Hause nie zu Wort kommt. Und die junge Frau hinter dem Sparkassen-Schalter hat sich gerade frisch verliebt, aber ihrem neuen Freund bisher verschwiegen, dass sie eine achtjährige Tochter hat. Überlege einfach, welches Detail aus dem Leben des Schul-Rowdys oder der Bankangestellten den Leser überraschen könnte. Abgedroschene Charaktere werden nämlich dann wieder spannend, wenn es dir gelingt, ihnen eine neue Facette zu verleihen.

Dies gilt auch für gute und böse Figuren. Sie werden glaubwürdiger und unterhaltsamer, wenn sie nicht nur das eine oder das andere verkörpern. In der Realität gibt es schließlich auch keine Menschen, die immer nur an das Wohl anderer denken oder allen stets nur Schlechtes wünschen. Im Gegenteil, die meisten von uns sind widersprüchlich, besitzen positive und negative Charakterzüge, die in bestimmten Situationen zum Vorschein kommen. Aus diesem Grund solltest du deinem Helden ruhig eine kleine Schrulle zugestehen und seinem Gegenspieler einige gute Eigenschaften. Deine liebenswürdige Hauptfigur könnte ja zum Beispiel ein gnadenloser Besserwisser und der fiese Schurke ein fürsorglicher Tierfreund sein. Kurz gesagt: Damit deine Geschichte möglichst lebensnah und glaubwürdig wird, solltest du auf Schwarz-Weiß-Denken verzichten. Selbst in Fantasy-Geschichten, die fernab unserer Realität spielen, verwenden die Autoren am liebsten Figuren, die irgendwo zwischen kompletten Fieslingen und fehlerlosen Supermännern einzuordnen sind.

J.R.R. Tolkien liefert mit *Der Herr der Ringe* gleich haufenweise tolle Beispiele, wie man seine Charaktere mit guten und schlechten Eigenschaften ausstatten kann:

- Obwohl der Hobbit Frodo der herzensgute Held der Geschichte ist, verfällt er im Verlauf des Romans der Kraft des Ringes. Schritt für Schritt zeigt Tolkien, dass auch in Frodo Gier, Machtwillen und Verrat schlummern.
- Gollum ist vom Ring besessen und bereit, alles für ihn zu tun. Doch weil Frodo Mitleid mit ihm hat und freundlich zu ihm ist, kommen Gollums gute Eigenschaften wieder zum Vorschein: Hilfsbereitschaft, Loyalität und Zuvorkommenheit.
- Der Elb Legolas und der Zwerg Gimli sind mutig, treu und grundanständig, aber auch ziemlich voreingenommen. Durch die Feindschaft, die lange zwischen ihren Völkern herrschte, fällt es ihnen zunächst schwer, einander zu vertrauen. Sie haben Vorurteile.

Ein Vorschlag: Erstelle, bevor du mit dem Schreiben beginnst, am besten komplette Biografien deiner Figuren. Dazu gehört auch, dass du darüber nachdenkst, wie sie aussehen, wer ihre Eltern sind, wovor sie sich fürchten, wie ihre letzte Beziehung verlief, was ihnen gefällt und was sie hassen. Auf diese Weise kannst du sie genau kennenlernen und alle notwendigen Angaben zusammenstellen, die du benötigst, um ihr Benehmen in deiner Geschichte logisch zu erklären. Und das wird deiner Geschichte später zugutekommen: Du wirst wissen, wie deine Figuren in bestimmten Situationen reagieren, und entscheiden können, was sie sagen und tun. Wird sich deine Heldin erschrecken, wenn sie erfährt, dass ihr bester Freund ein Vampir ist? Wird sie versuchen, ihn zu töten oder sich von ihm abwenden? Wird sie ihm überhaupt glauben? Es ist nämlich nicht nur wichtig, dass deine Charaktere vielschichtig sind, sie dürfen auch nichts unternehmen, das untypisch für sie ist. Wenn die junge Frau beispielsweise Psychologin ist und nie an übernatürliche Wesen geglaubt hat, so wird sie wahrscheinlich zunächst versuchen, ihren Freund zu therapieren, anstatt ihm gleich zu glauben, dass er ein Vampir ist. Damit der Leser nicht über Ungereimtheiten stolpert, solltest du dir vorab also Gedanken über wirklich *alle* Seiten deiner Figuren machen.

Im Interview

Stell dir vor, du wärst die Hauptfigur deiner Geschichte und ein Journalist würde dich für einen Zeitungsartikel interviewen. Was würdest du auf diese zwanzig Fragen antworten?

1. Wie würdest du dich in drei Worten beschreiben?
2. Welchen ersten Eindruck hinterlässt du bei Fremden?
3. Was wünschst du dir am meisten?
4. Was ist dir in deinem Leben am wichtigsten?
5. Was bist du bereit zu tun, um an dein Ziel zu gelangen?
6. Wie gehst du mit Rückschlägen um?
7. Mit wem sprichst du über deine Probleme?
8. Wer ist dein größter Rivale?
9. Mit wem hattest du deinen bisher schlimmsten Streit? Und warum?
10. Wer oder welches Erlebnis hat dich bisher am meisten beeinflusst?
11. An was denkst du zuerst, wenn du morgens aufwachst?
12. Welche Sätze sind typisch für dich?
13. Wie lautet dein Lebensmotto?
14. Wer sind deine Vorbilder?
15. Glaubst du an Gott oder an ein überirdisches Wesen?
16. Wie verlief deine letzte Beziehung?
17. Wie war deine Kindheit?
18. Wie ist dein Verhältnis zu deiner Familie?
19. Hast du jemals gegen das Gesetz verstoßen? Wenn ja, warum?
20. Welche drei Dinge würdest du mit auf eine einsame Insel nehmen?

Das Ergebnis all deiner Überlegungen zu den Figuren wird vermutlich sein, dass du sie irgendwann besser als dich selbst kennst. Du wirst wissen, welche Farbe ihre Lieblingssocken haben, wie ihre Haustiere heißen, was sie morgens essen und wovon sie in der vergangenen Nacht geträumt haben. Das Schwierige daran: Du musst nun entscheiden, welche dieser Informationen der Leser tatsächlich über sie erfahren soll. Muss er wissen, dass der Protagonist seinen Mops Paula genannt hat oder kannst du dies getrost verschweigen? Und ist es wichtig, dass er am liebsten schwarzen Kaffee und eine Zigarette frühstückt? In einer Geschichte vielleicht schon, in einer anderen nicht. Das hängt davon ab, ob diese Einzelheiten für den Verlauf der Handlung von Bedeutung sind. Denn auch wenn du alles über deine Figuren wissen solltest, so muss der Leser es nicht.

Meistens interessieren ihn nur die Details, die er braucht, um zu verstehen, warum sie handeln, wie sie handeln. So könnte der Name des Hundes beispielsweise dann eine Erwähnung wert sein, wenn er dem eines Menschen ähnelt, den die Hauptfigur verloren hat und dem sie noch immer hinterhertrauert. Und ihre ungesunden Frühstücksgewohnheiten könnten dann wichtig sein, wenn sie ihr früher oder später zum Verhängnis werden.

Es ist hilfreich, wenn du dir einige grundlegende Fragen stellst, ehe du mit dem Schreiben beginnst. Die Antworten werden dir helfen herauszufinden, was du über jede Figur in deiner Geschichte preisgeben solltest:

- Was ist das Ziel deiner Figur? Was will sie? Und was treibt sie dazu?
- Welche besondere Eigenschaft besitzt sie? Ist sie besonders launisch, naiv oder neugierig?
- Welche ungewöhnlichen Verhaltensweisen legt sie an den Tag? Hat sie irgendwelche Marotten? Und wie sind sie entstanden?
- Wer steht deiner Figur zur Seite und warum?
- Und wer ist ihr Gegner und welchen Grund gibt es für die Rivalität oder den Zwist zwischen den beiden?

Aber nicht nur *was* du dem Leser über deine Figuren mitteilst, spielt eine große Rolle, sondern auch *wie* du dies tust. Natürlich kannst du das Aussehen, den Charakter oder die Gefühle der Personen in deinem Text präzise beschreiben. Besser, als dem Leser alles Wort für Wort zu erklären, ist es jedoch, es ihm zu zeigen. Interessant wird eine Geschichte dann, wenn du deinen Figuren die Möglichkeit gibst, sich durch ihre Taten und Worte selbst oder gegenseitig zu charakterisieren. Um ein Mädchen zu beschreiben, das auf andere arrogant wirkt, in Wirklichkeit aber nur unglaublich schüchtern ist, könntest du beispielsweise folgende Szene entwerfen: Auf der Straße wird sie von einem süßen Jungen angesprochen. Er fragt sie, ob sie mit ihm einen Kaffee trinken wolle. Doch sie ist völlig hilflos, verunsichert und überfordert. Statt ihm zu antworten, geht sie einfach wortlos und ohne ihn überhaupt anzusehen an ihm vorüber. Später ärgert sie sich maßlos über sich selbst.

Auch mithilfe der Namen der Figuren kannst du darauf anspielen, wie sie wirklich sind: So könnte die scheinbar hochnäsige Teenagerin etwa Christina Still oder Laura Zaghaft heißen. Der Leser würde dann bereits früh erahnen können, dass sie gar nicht arrogant, sondern nur zurückhaltend ist. Oder wenn du es nicht ganz so offensichtlich magst, kannst du für die Personen in deiner Geschichte auch Namen aussuchen, die etwas schwerer zu entschlüsseln sind – etwa, weil sie auf ein historisches Vorbild verweisen, das ähnliche Eigenschaften wie deine Figur besaß. Eine übereifrige und herrschsüchtige Figur könntest du zum Beispiel nach dem ehemaligen französischen Kaiser Napoleon benennen.

Hier einige Beispiele, wie bekannte Autoren Namen nutzen, um damit etwas über ihre Figuren auszusagen:

○ Lisa J. Smith hat den gefährlicheren der beiden Salvatore-Brüder in ihrer Romanreihe *Tagebuch eines Vampirs* Damon genannt. Der Name stammt ursprünglich vom griechischen Wort »daman« für »mächtig« ab und ruft einem schnell den Begriff »Dämon« ins Gedächtnis – und das ist von der Autorin so gewollt, immerhin ist Damon in den Romanen um einiges stärker und böser als sein Bruder Stefano.

- Obwohl es nicht auf Anhieb zu erkennen ist: Joanne K. Rowling hat ein richtiges Faible für die sogenannten sprechenden Namen. Fast alle Figuren in *Harry Potter* tragen einen, Remus Lupin zum Beispiel. Gleich doppelt deutet die Autorin an, dass er ein Werwolf ist. Remus hieß der Legende nach nämlich einer der Gründer von Rom, der angeblich von einer Wölfin großgezogen wurde, und der Nachname Lupin stammt vom lateinischen Wort »lupus« für »Wolf« ab. Und wer ein bisschen französisch sprechen kann, wird erkennen, dass auch Lord Voldemort einen wirklich passenden Namen erhalten hat: Übersetzt bedeutet er »Flug des Todes«.

- In Comics und Geschichten für Kinder häufen sich aussagekräftige Namen geradezu: Donald Duck ist, wie der Name schon verrät, eine Ente, Mickey Mouse eine Maus, Lucky Luke ein Zeitgenosse mit besonders viel Glück, Karla Kolumna eine fleißige Reporterin und Daniel Düsentrieb ein ehrgeiziger Erfinder.

Ein kleiner Tipp: In Namensbüchern oder in Datenbanken im Internet wirst du bestimmt fündig. Achtung jedoch bei fremdländischen Namen, die du nur verwenden möchtest, weil du sie schön findest. Der Leser wird irritiert sein, wenn Figuren, die ihm ansonsten ziemlich ähnlich sind, Nathanial Devon Galotti oder Claire-Apple Standingstone heißen.

Sag mir, wer du bist, und ich sag dir deinen Namen

Starte gleich einen Versuch und finde für die folgenden Figuren sprechende Namen. Für …

1. einen rücksichtslosen Draufgänger

2. eine naive und folgsame Angestellte

3. einen gerechten und sanftmütigen Lehrer

4. eine geschwätzige Nachbarin

5. einen gemeinen und listigen Schleimer

Doch nur weil du tolle Namen gefunden hast, die perfekt zu deinen Figuren passen, bedeutet das nicht, dass sie ihren Namen immer vollkommen gerecht werden müssen. Erinnerst du dich noch? Im dritten Kapitel war bereits die Rede davon, dass es viel besser ist, wenn sich deine Figuren mit der Zeit entwickeln – ganz wie es in der Wirklichkeit der Fall wäre. Denn auch sie sammeln Erfahrungen und treffen Menschen, die sie beeinflussen. Achte jedoch darauf, dass ein kompletter Lebenswandel nicht über Nacht passiert. Er vollzieht sich vielmehr Schritt für Schritt und hat immer einen Grund und einen Auslöser. Zum Beispiel könnte deine Figur einem besonderen Menschen begegnen oder plötzlich mit einem großen Problem konfrontiert werden, bei dessen Lösung sie über sich hinauswächst. Blättere doch noch einmal zurück zum Kapitel *Willkommen zu Spannung, Stress und schweren Entscheidungen – Wie du mit der Handlung fesselst*, dort findest du zahlreiche Vorschläge für Ereignisse, die das Leben und die Persönlichkeit deiner Figuren erheblich beeinflussen können.

Auf der Suche nach dem Stärksten – Die Hauptfigur

Oft wird in Fachbüchern zum Thema »Schreiben« davon gesprochen, dass eine Hauptfigur stark sein sollte. Doch was bedeutet das eigentlich? Es bedeutet, dass eine Hauptfigur möglichst unverkennbar, vielfältig und eindringlich verkörpern sollte, wer sie ist. Stark sein kann sie also auch ohne Training in der Muckibude, eine besonders dominante Persönlichkeit und das Superhelden-Gen. Selbst ein unsportlicher Typ könnte zum Protagonisten taugen, solange er dazu in der Lage ist, die Handlung voranzutreiben und zu beeinflussen.

Eine Figur eignet sich besonders gut als Hauptcharakter, wenn sie folgende Voraussetzungen erfüllt:

- **Eine Hauptfigur hat ein Ziel.**
  Nur wenn deine Hauptfigur etwas wirklich will, ergeben sich Probleme, die die Geschichte spannend machen – nämlich

dann, wenn jemand oder etwas verhindert, dass sie an ihr Ziel gelangt. Dein Protagonist sollte also am besten kein stiller Beobachter oder gleichgültiger Mensch sein, sondern engagiert und zu Widerstand bereit, wenn seine Pläne bedroht werden.

○ **Eine Hauptfigur ist leidenschaftlich und von den Ereignissen in der Geschichte persönlich betroffen.**

Die Konflikte, die dein Hauptcharakter austragen muss, berühren ihn tief in seinem Herzen. Er setzt sich nicht aus Selbstlosigkeit für etwas ein, sondern weil er einen Grund dazu hat – seine Gesundheit, seine Freiheit oder sein Glück werden bedroht. So ist Krabat im gleichnamigen Roman von Otfried Preußler nicht irgendein Junge, der zum Spaß gegen den bösen Zaubermeister der Schwarzen Mühle kämpft. Er hat einen gewichtigen Grund, weshalb er es tut: Sein Leben und das seiner Freunde stehen auf dem Spiel.

○ **Eine Hauptfigur besitzt Tatkraft.**

Nichts ist für den Leser langweiliger, als wenn der Protagonist einer Story das Opfer von unglücklichen Umständen ist und die Handlung selbst kaum mitgestaltet. Deswegen solltest du deine Hauptfigur aktiv ins Geschehen eingreifen lassen. Wenn sie schüchtern ist, schicke sie doch auf eine Mission: Weil sie ständig wegen ihrer Zurückhaltung angegriffen wird, fasst sie einen Plan, um sich zu verteidigen. Sie hängt überall »Bitte nicht stören«-Schilder auf und redet fortan mit niemandem. Überlege, wohin sie eine solche Aktion führen könnte. Obendrein ist es von Vorteil, wenn deine Hauptfigur nicht ausschließlich Abscheu oder Zuneigung beim Leser erzeugen kann, sondern auch Mitgefühl hervorruft. Am besten zeigst du deshalb nicht nur, wie sie reagiert und was sie tut, sondern auch, dass sie vor schwierigen Entscheidungen zweifelt und abwägt. Gewähre dem Leser einen intensiven Einblick in die Gefühls- und Gedankenwelt deines Protagonisten. Dann wird er sich einfacher in seine Situation versetzen können und ihn mit Sicherheit in sein Herz schließen.

Gesucht: Germany's Next Top-Protagonist

Den Protagonisten für eine Geschichte auszuwählen ist nicht immer leicht. Ein kleines
Casting könnte sicher dabei helfen, ihn zu
finden. Welche Anforderungen würdest du in
einen Aufruf für »Germany's Next Top-Prota-
gonist« schreiben?

Zum Streiten geschaffen – Der Gegenspieler

Meist gibt es in der Literatur nicht nur eine sympathische Hauptfigur, sondern auch jemanden, der sich ihr in den Weg stellt. Diesen Jemand bezeichnet man als Gegenspieler oder Antagonisten. Zwischen ihm und der Hauptfigur ergeben sich Konflikte, die eine Geschichte erst so richtig aufregend machen.

Viele Autoren orientieren sich an einer einfachen Regel, wenn sie den Gegenspieler ihrer Hauptfigur erschaffen: Sehr unterschiedliche Personen rasseln am häufigsten aneinander. Aus diesem Grund ist der Antagonist in vielen Geschichten der komplette charakterliche Gegensatz zum Protagonisten. Ist die Hauptfigur gut, so ist er böse. Ist sie fröhlich, so ist er ein Griesgram. Ist sie arm, so kommt er als reicher Schnösel daher.

Doch das ist nicht unbedingt erforderlich. Denn das Wichtigste ist nicht, dass die beiden Figuren besonders unterschiedlich sind, viel bedeutsamer ist, dass sie in einer Beziehung zueinander stehen. Natürlich könnte dein Protagonist ein friedfertiger brasilianischer Eisverkäufer und dein Antagonist ein skrupelloser chinesischer U-Boot-Kapitän sein. Wenn die beiden jedoch keine Chance haben, einander zu begegnen, sieht es schlecht aus mit einer fesselnden Geschichte. Oder fällt dir auf Anhieb eine Situation ein, in der sich die beiden treffen könnten? Das Beste ist es deshalb, sich vorab Gedanken zu machen, wie die Hauptfigur und ihr Antagonist miteinander in Kontakt kommen. Dabei ist es hilfreich zu wissen, dass der Gegenspieler gar nicht immer ein Ekel zu sein braucht. Manchmal wühlt es den Leser sogar mehr auf, wenn er es nicht ist. Zum Beispiel könnte die Mutter des friedfertigen brasilianischen Eisverkäufers zu seinem Antagonisten werden. Wie? Sie verbietet ihm, das Mädchen wiederzusehen, das er bei der Arbeit kennengelernt hat. Oder: Sie zerstört beim Aushelfen versehentlich die Gefriertheke und verscheucht alle Kunden.

Wenn du dir Gedanken über den Antagonisten in deiner Geschichte machst, ruf dir ins Gedächtnis, dass er nicht zwangsweise böse oder völlig anders als deine Hauptfigur sein muss. Es genügt schon, wenn er ein anderes Ziel, andere Wünsche und andere Hoffnungen hat als dein Protagonist. Bisweilen sorgt bereits eine kleine Meinungsverschiedenheit für einen großen Krach.

Ein Beispiel gefällig? Anton ist der Star der Jugend-Fußballmannschaft und der beliebteste Junge der Schule. Im Matheunterricht hilft ihm das jedoch nicht. Seine Noten sind miserabel. Es gibt gleich reihenweise Menschen in seiner Umgebung, die sich als Gegenspieler anbieten:

- sein Vater, der will, dass sein Sohn sich mehr auf die Schule und weniger auf den Sport konzentriert.
- die Tratschtante der Klasse, die gern Lügen verbreitet, um im Mittelpunkt zu stehen.
- seine Ex-Freundin mit dem Wunsch, sich an ihm zu rächen.
- sein Trainer, der vollen Einsatz von Anton erwartet, auch wenn der Probleme in der Schule hat.
- ein Sportkamerad mit dem Ziel, Teil der Stammelf des Fußballteams zu werden.
- ein Freund, der eifersüchtig ist und endlich aus Antons Schatten treten möchte.
- seine Lehrerin, die vorhat, den Notendurchschnitt der gesamten Klasse zu verbessern.
- der Kapitän der gegnerischen Fußballmannschaft, der das nächste Spiel unbedingt gewinnen will.

Wie du siehst, gibt es allein in Antons Fall eine große Auswahl an möglichen Gegenspielern. Es dürfte dir also nicht so schwerfallen, auch jemanden zu finden, der sich eignet, um deinem Protagonisten Steine in den Weg zu legen. Manchmal ist es ganz hilfreich, sich in seiner Umgebung umzusehen: Mit wem bist du schon einmal aneinandergeraten und warum? Eignet sich vielleicht jemand, den du kennst, als Vorbild für den Gegenspieler deines Hauptcharakters?

Übung macht den Meister

Antagonist vs. Protagonist

Auch auf der Kinoleinwand muss sich der Protagonist gegen einen Antagonisten behaupten. Denk darüber nach, wer in den folgenden Filmen die Hauptfigur ist und wer ihr Gegenspieler. Welche Beziehung haben die beiden zueinander und warum streiten sie sich eigentlich? Nimm dir Stift und Zettel und schreib alles auf, was dir einfällt.

Avatar – Aufbruch nach Pandora
Hauptcharakter:
Gegenspieler:
Beziehung:
Konflikt:

Wie sieht's bei diesen Filmen aus?

Shrek 4 – Für immer Shrek
Alice im Wunderland
Remember me
Titanic
Transformers
Fluch der Karibik
High School Musical

Dabei sein ist alles, oder nicht? – Die Nebenfiguren

Obwohl ihr Auftritt nur kurz ist, haben die Nebenfiguren eine bedeutende Rolle: Sie dienen dazu, den Protagonisten deiner Story näher zu beschreiben und ihn bei seinem Vorhaben entweder zu unterstützen oder ihn zu behindern. Idealerweise kitzeln sie außerdem kleine Details über ihn heraus, die der Leser ohne ihr Auftauchen nie erfahren hätte. Eine gute Nebenfigur gerät zum Beispiel mit dem Protagonisten in einen erbitterten Streit, in dem der Leser eine wichtige Einzelheit aus seiner Vergangenheit erfährt. Sie gibt einen entscheidenden Rat oder lockt die Hauptfigur kurz vor ihrem Ziel absichtlich oder unabsichtlich auf eine falsche Fährte.

Wer nicht fragt, bleibt dumm ...

Muss ich alles über jede Figur in meiner Geschichte wissen?

Nein, das musst du nicht. Die Nebenfiguren brauchen weniger Aufmerksamkeit als dein Protagonist. Es genügt oft, sich bei ihrer Charakterisierung auf ein oder zwei Eigenschaften zu konzentrieren, die wichtig sind, damit sie ihre Funktion in der Geschichte erfüllen können. Natürlich kannst du einen ähnlichen Fragebogen wie für die Hauptfigur auch für sie ausfüllen. Sei dir nur darüber im Klaren: Je mehr Arbeit du in eine Figur steckst, desto wahrscheinlicher ist es, dass sie plötzlich einen Geltungsanspruch erhebt und sich in deiner Geschichte breitmacht. Frei nach dem Motto: Jetzt hast du dich so schön um mich gekümmert, jetzt will ich auch ein bisschen mehr zu sagen haben.

Eine Nebenfigur hat immer eine Funktion in einer Geschichte. Sie beeinflusst die Handlung und den Protagonisten. Deshalb ordne ihr ruhig Eigentümlichkeiten zu, die sie von allen anderen Figuren abgrenzen. Sie soll ja schließlich ihre Daseinsberechtigung haben. Wäre sie nämlich genauso wie der Gegen-

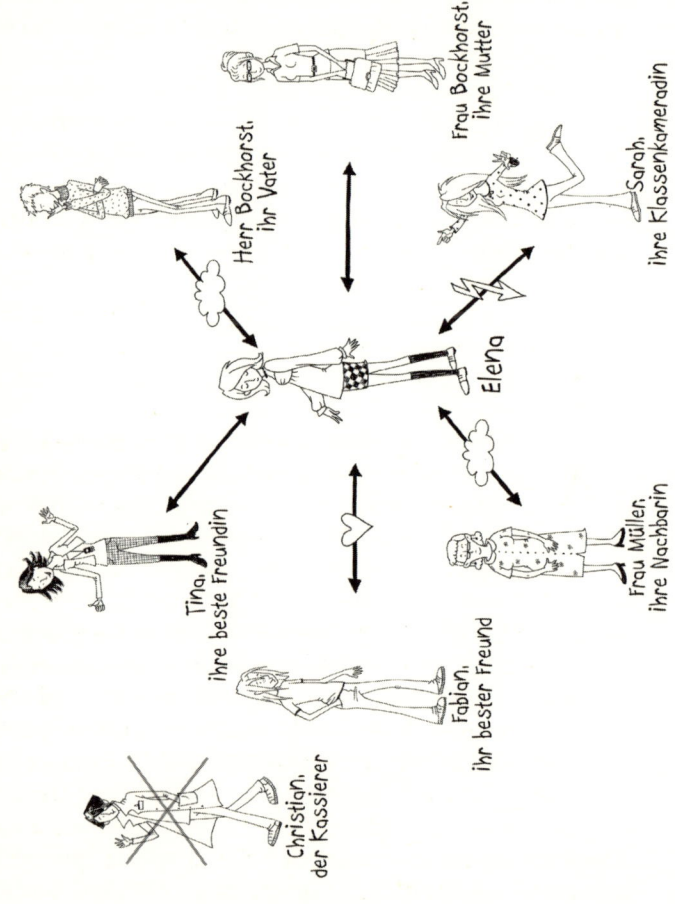

Herr Bockhorst,
ihr Vater

Frau Bockhorst,
ihre Mutter

Sarah,
ihre Klassenkameradin

Elena

Frau Müller,
ihre Nachbarin

Tina,
ihre beste Freundin

Fabian,
ihr bester Freund

Christian,
der Kassierer

spieler, könnte dieser ja auch ihre Aufgabe übernehmen. Deine Nebenfigur wäre dann überflüssig. Mach doch einfach den Test: Hat der Auftritt deiner Nebenfigur Auswirkungen auf den Verlauf der Geschichte? Nicht? Dann streich sie wieder aus deinem Manuskript. Sie lenkt den Leser nur vom Wesentlichen ab.

Und jetzt lehre sie das Sprechen – Die Ausdrucksweise deiner Figuren

Eine Geschichte wird besonders eingängig, wenn du deinen Figuren nicht nur das Laufen und Fühlen beibringst, sondern auch das Sprechen. Es gibt zwei Möglichkeiten, wie du sie in deinem Text zu Wort kommen lassen kannst: durch innere Monologe, das heißt, indem du das formulierst, was sie gerade denken, oder durch Dialoge, also durch das, was sie im Gespräch mit anderen tatsächlich sagen.

Da du ja bereits alle Vorlieben und Abneigungen, Fähigkeiten, Eigenarten und Verwandtschaftsverhältnisse deines Protagonisten genau kennst, dürfte es dir auch gar nicht schwerfallen, dir vorzustellen, wie er redet. Spricht er schnell oder geht er sparsam mit Worten um? Welche Ausdrücke verwendet er am häufigsten und welche kaum? Spricht er Dialekt oder hochdeutsch? Was für eine Persönlichkeit deine Figur hat und wo sie herkommt, sollte sich nämlich in ihrer Sprache niederschlagen. Allein eine Aussage wie »Mich deucht, Ihr seid mir wohlgesinnt« lässt den Leser zum Beispiel erahnen, dass jemand aus einer adligen Familie und einem früheren Jahrhundert kommt. Der Ausruf »Dit jib's ja janich, dat ick dich hier treffe!« führt hingegen zu einem anderen Schluss: Der Sprechende ist wahrscheinlich ein Berliner aus dem Jahre 2010 und glänzt nicht gerade mit Zurückhaltung.

Auch die Bestsellerautorin Stephenie Meyer hat die Figuren in ihren *Bis(s)*-Romanen mit sprachlichen Auffälligkeiten bedacht: An vielen Stellen hat sie dem Vampir Edward Cullen altmodische Formulierungen wie »meine einzige Geliebte«[1] oder »Jede Sekunde, da ich fort war, habe ich an dich gedacht«[2] zugeschrieben – mit Erfolg: Der Leser glaubt ohne Weiteres, dass Edward bereits vor mehr als hundert Jahren auf der Welt war.

Alles, was deine Figuren sagen, hat also große Wirkung darauf, wie der Leser sie wahrnimmt und was er von ihnen hält. Deshalb ist es von Vorteil, sich immer wieder ins Gedächtnis zu rufen, wie ein Gespräch in der Realität ablaufen könnte. Würden sich die Personen siezen, weil sie einander kaum kennen? Würden sie Insider-Witze machen, weil sie gut befreundet sind? Oder würde eine der beiden stottern, weil sie unglaublich aufgeregt ist? Am besten vergleichst du die Unterhaltungen deiner Figuren immer wieder mit Szenen, die sich in deinem Leben abgespielt haben. Andere zu belauschen kann ebenso hilfreich sein. Von der Wirklichkeit kann man nämlich noch das meiste lernen: zum Beispiel, wann jemand charmant oder unsympathisch, schlau oder dümmlich, wohlerzogen oder ungehobelt wirkt.

Wahrscheinlich wird dir bei deinen »Abhöraktionen« auffallen, dass du für deine Dialoge nicht die Schriftsprache verwenden solltest. Im Alltag spricht nämlich kaum jemand in vollen, grammatikalisch einwandfreien Sätzen. Selbst im Schulalltag und im Arbeitsleben nutzen beinahe alle Menschen Verknappungen und Umgangssprache. Oft reden wir auch aneinander vorbei. Wir wiederholen uns, stammeln haufenweise »Hms« und »Ähms« und schweifen vom eigentlichen Thema ab. Die Charaktere in deiner Geschichte sollten das alles deshalb auch tun, damit sie möglichst glaubwürdig sind.

Wenn du dir überlegt hast, *was* deine Figuren sagen, kommt der zweite Schritt des Dialogschreibens: *Wie* sagen sie es? Für gewöhnlich steht hinter der direkten Rede »sagte er« oder »sagte sie«. Du kannst dir jedoch Alternativen dafür überlegen und auf diese Weise gleichzeitig eine weitere Information über das Gespräch einfließen lassen. Flüstern deine Figuren oder schreien sie?

---

1 Meyer, Stephenie: Bis(s) zum Abendrot. Hamburg: Carlsen 2010, S. 198.
2 Meyer, Stephenie: Bis(s) zur Mittagsstunde. Hamburg: Carlsen 2009, S. 506.

Aufnehmen, abtippen, ausnutzen

1. Nimm mit deinem Handy doch einmal eine Unterhaltung auf dem Schulhof auf und schreib sie zu Hause auf. Dann merkst du, dass sich Schriftsprache und gesprochene Sprache stark voneinander unterscheiden.

2. Und dann starte einen zweiten Versuch: Zeichne ein Gespräch zwischen deinen Eltern am Küchentisch auf und tippe es danach ab. Erkennst du Unterschiede zwischen den Unterhaltungen von Erwachsenen und Jugendlichen? Du könntest doch auch mal genau hinhören, wie dein Lehrer spricht. Wie unterscheidet sich seine Sprache von der deiner Freunde?

Zischen, säuseln oder nuscheln sie? Oder murmeln sie vor sich hin? Cornelia Funke macht es in *Tintenherz* eindrucksvoll vor. Sie ersetzt das Wörtchen »sagen« durch andere aussagekräftige Verben:

>»›Los, geh weiter!‹, <u>fuhr Basta sie an</u>.
>Meggie gehorchte, aber sie blickte immer wieder zurück. ›Ich werd es nicht tun!‹, <u>rief sie</u>, als sie schon fast vor dem Portal stand. ›Ich verspreche es! Ich lese ihm niemanden her. Niemals!‹
>›Versprich nichts, was du nicht halten kannst!‹, <u>raunte Basta</u> ihr zu, während er das Portal aufstieß.«[3]

Wenn du dich dafür entscheidest, nach einem Ersatz für »sagte er« und »sagte sie« zu suchen, dann berücksichtige bitte Folgendes: Man sollte nicht der Versuchung erliegen, persönliche Wertungen in die Dialoge einzubauen. Mache am besten einen großen Bogen um Formulierungen wie »log er«, »gab sie vor« oder »warnte er«. Wenn du deine Figuren ausreichend charakterisiert hast, wird der Leser auch ohne diese Hinweise erkennen, was deine Figuren im Schilde führen.

---

3 *Funke, Cornelia: Tintenherz. Hamburg: Cecilie Dressler Verlag 2003, S. 402.*

+ die Hauptfigur mit einem Ziel ausstatten: Sie will die Welt retten, einen Mord aufklären, ihr Leben verändern ... Wie wird sie das wohl hinbekommen?

+ Figuren mit Vergangenheit, Persönlichkeit und besonderen äußerlichen Merkmalen schaffen.

+ beschreiben statt bewerten. Deine Figuren können nämlich ganz gut für sich selbst sprechen.

+ bei Dialogen ausnahmsweise die Schriftsprache vergessen. Am besten lässt du die Figuren reden, wie ihnen der Schnabel gewachsen ist – inklusive »Hms«, »Ähms« und »Najas«.

+ auswählen, welche Eigenschaften und Details aus den Leben deiner Figuren wichtig sind, und nur diese in der Geschichte erwähnen.

– überflüssige Figuren auflaufen lassen. Schon wieder jemand ohne Aufgabe und Charakter? Gähn!

– Klischees aufwärmen.

– Böse nur böse und Gute nur gut sein lassen. Solche Figuren sind meistens unglaubwürdig.

– ungewöhnliche Namen für Personen von nebenan auswählen. Warum die Hauptfigur Britney Miley April nennen, wenn sie doch in Oldenburg geboren ist und keine amerikanischen Vorfahren hat?

– alles über deine Figuren erzählen – von der Schuhgröße bis zur verhauenen Mathearbeit in der dritten Klasse. Den Leser interessieren nur einige wenige Details.

Rezept für ein rasantes Freundinnenabenteuer

Die Zutaten:

- mindestens zwei neugierige und mutige Freundinnen, die sich auf ein Abenteuer begeben, um
  ... ein Rätsel zu lösen
  ... jemanden zu retten
  ... einen Bösewicht, der ihre Heimat bedroht, zu besiegen
  ... an einen bestimmten Ort zu gelangen
- viele Proben, die sie auf dem Weg zu ihrem Ziel bestehen müssen
- wechselnde Handlungsorte, die den Figuren fremd sind und viele Geheimnisse bergen
- die Ich- oder personale Erzählperspektive
- ein Happy End

Die Zubereitung:

Die Freundinnen auf eine Reise schicken oder durch ein schreckliches Ereignis dazu zwingen, ihre gewohnte Umgebung zu verlassen. Die Welt außerhalb ihrer Heimat als unbekanntes Territorium darstellen und sie faszinierende und zugleich erschreckende Eindrücke sammeln lassen. Die Freundinnen schließlich in gefährliche Situationen bringen, die sie meistern müssen. Wahlweise können sie mit feindseligen Figuren, Naturkatastrophen oder anderen Hindernissen konfrontiert werden. Die Hürden, die sie überwinden müssen, im Verlauf der Geschichte immer höher legen. Sie trotzdem Problem für Problem bewältigen und Schritt für Schritt ihrem Ziel näher kommen lassen. Ein bisschen Streit zwischen den beiden einstreuen und ihre Freundschaft testen, um die Spannung zu steigern. Zum Schluss, das haben sich die Hauptfiguren nach all den Strapazen verdient, ein Happy End einrühren. Damit das Abenteuer besonders schmackhaft wird: Es mit Ich- oder personalem Erzähler servieren.

Gelungene Ergebnisse:

- Daniel Defoes *Robinson Crusoe* erzählt von einem Seemann, der Schiffbruch erleidet und auf einer einsamen Insel strandet. Nur mit viel Mühe findet er sich dort zurecht, unter anderem, weil ihm ein Eingeborener als Freund zur Seite steht. Der 1719 erschienene Roman ist nicht nur weltbekannt, sondern auch Namensgeber einer Unterkategorie der Abenteuer-Literatur: Als Robinsonade werden Geschichten bezeichnet, in denen die Hauptfigur in Isolation gerät.

- Der Roman *Die Abenteuer des Tom Sawyer* von Mark Twain ist ein Paradebeispiel für eine rasante Geschichte, in der Freundschaft eine große Rolle spielt. Gemeinsam mit seinem Kumpel Huckleberry Finn lebt der Waisenjunge Tom zeitweilig als Pirat auf einer Insel, überführt einen Mörder und findet einen Schatz.

(In diesen zwei Beispielen für weltbekannte Abenteuergeschichten findest du zwar nur männliche Protagonisten, aber das ist nichts, von dem du dich abhalten lassen solltest. Auch Mädchen können Spannendes erleben.)

Abwandlungen des Rezepts:

In Abenteuergeschichten sind die Helden nicht immer stark, schlau und rechtschaffen. Manchmal sind sie sogar das Gegenteil davon: In *Forrest Gump* von Winston Groom begleitet der Leser einen einfältigen Zeitgenossen, in Thomas Manns Roman *Bekenntnisse des Hochstaplers Felix Krull* einen Betrüger und in *Papillon* von Henri Charrière einen Gefängnisinsassen.

Und noch zwei schmackhafte Details:

- Der Roman *Die Abenteuer des Tom Sawyer* landete kurz nach seinem Erscheinen auf der Schwarzen Liste der Zensoren. Warum? Mark Twain hatte seine beiden Hauptfiguren Tom und Huck Kraftausdrücke sagen lassen, damit sie wie echte Jungs wirken. Die Alltagssprache in Büchern unterzubringen, war damals völlig neu.

- Abenteuergeschichten gibt es schon, solange es Literatur gibt. Die ersten sind in der Antike entstanden: Das Epos *Die Odyssee* des griechischen Dichters Homer stammt aus dem achten Jahrhundert vor Christus und gilt als Vorläufer des Genres.

Kapitel 5

Ja, wer spricht denn da?

Welcher Erzähler und welcher
Ton am besten zu
deiner Geschichte passen

Alles eine Frage des Blickwinkels – Die Erzählperspektive

Worum es in deiner Lieblingsgeschichte geht, kannst du sicher schnell erklären. Aber hast du dir schon einmal darüber Gedanken gemacht, wer sie erzählt? Ist es der Autor? Die Hauptfigur? Ein Märchenonkel mit Bart? Und hast du dich irgendwann einmal gefragt, wie deine Lieblingsgeschichte wäre, wenn ein anderer sie erzählen würde? Ob sie dir dann genauso gut gefiele? Noch nicht? Das ist aber schade und sollte sich jetzt dringend ändern. Die Entscheidung, wer eine Geschichte erzählt, ist nämlich folgenschwer. Du brauchst nur an einen Banküberfall zu denken: Der Mann hinter dem Schalter wird ihn wahrscheinlich ganz anders beschreiben als der Räuber oder ein Polizist, der währenddessen draußen vor der Filiale steht. Und welche Version Gott erst auf Lager hätte!

Autoren überlassen es deshalb nicht dem Zufall, durch wessen Augen und Ohren der Leser das Geschehen mitverfolgt. Sie stellen sich einige Fragen, ehe sie die Erzählform wählen:

- Sollen die Ereignisse von jemandem erzählt werden, der Einfluss auf die Handlung nimmt? Also von einer Figur, die in der Geschichte mitspielt?
- Ist es für die Kernaussage wichtig, dass Probleme von mehreren Seiten beleuchtet werden? Dass der Leser nicht nur die Meinung einer Figur, sondern die verschiedener kennenlernt?
- Muss der Erzähler umfangreiches Wissen über andere Figuren und deren Vergangenheit, Gegenwart und Zukunft besitzen?

Wenn möglich, solltest du den Erzähler deiner Geschichte gleich zu Beginn des Schreibprozesses festlegen. Zwar gibt es Texte, in denen die Perspektive wechselt, das ist jedoch sehr schwierig und nur etwas für echte Experten. Morton Rhue hat in seinem Buch *Ich knall euch ab!* zum Beispiel unterschiedliche Erzähler zu Wort kommen lassen. Er schildert die Geschichte eines Amoklaufs an einer Schule und verwendet Berichte von Zeugen, Dialoge und Briefe, um einen Einblick in die Ereignisse zu geben.

Aus vielen verschiedenen Blickwinkeln – dem der Lehrer, der Mitschüler, der Sanitäter, der Eltern und der Amokläufer selbst – erlebt der Leser das Attentat mit.

Für den Anfang empfiehlt es sich, solche Experimente erst einmal sein zu lassen. In den nächsten Abschnitten erfährst du, welche verschiedenen Arten von Erzählern es gibt und welche Auswirkungen sie auf die Geschichte haben. Danach wird es dir bestimmt leichter fallen, den idealen Erzähler für deinen Text auszusuchen.

Wer nicht fragt, bleibt dumm ...

Wieso muss ich mir einen Erzähler ausdenken? Bin ich nicht der Erzähler?

Auch wenn es anders scheint: Der Autor und der Erzähler sind nur in seltenen Fällen ein und dieselbe Person. Nämlich dann, wenn die Handlung autobiografisch ist, also auf dem Leben des Autors basiert. Wenn du eine Geschichte schreibst, die rein gar nichts mit dir zu tun hat, dann sollte dein Erzähler eine ausgedachte Person sein – genau wie deine Figuren. Er sollte eigene Absichten haben und einen eigenen Charakter besitzen. Selbst die Ich-Perspektive kannst du für ausgedachte Geschichten verwenden.

Ganz nah dran – Der Ich-Erzähler

Der Ich-Erzähler ist so alt wie die menschliche Sprache. Man stelle sich nur vor: Herr und Frau Urmensch sitzen zusammen in ihrer Höhle und er erzählt ihr von seinem arbeitsreichen Tag: »Heute ist mir Folgendes passiert: Ich habe gerade ein Mammut verfolgt, als ...« In der Tat ist fast alles, was wir einander im Alltag berichten, auch eine Geschichte mit Ich-Erzähler. Kein Wunder also, dass sich diese Erzählform in der Literatur durchgesetzt hat. Du möchtest einen Beweis? Zum Beispiel nutzt Kerstin Gier ihre Heldin Gwendolyn aus *Rubinrot – Liebe geht durch alle Zeiten* als Ich-Erzählerin:

»Montagmittag in der Schulkantine spürte ich es zum ersten Mal. Für einen Moment hatte ich ein Gefühl im Bauch wie auf der Achterbahn, wenn man von der höchsten Stelle bergab rast. Es dauerte nur zwei Sekunden, aber es reichte, um mir einen Teller Kartoffelpüree mit Soße über die Schuluniform zu kippen. Das Besteck schepperte zu Boden, den Teller konnte ich gerade noch festhalten.«[4]

Was sind nun aber die auffälligsten Merkmale eines Ich-Erzählers? Ein Ich-Erzähler ist mittendrin in der Geschichte – er ist einer der Charaktere. In der ersten Person berichtet er über seine eigenen Erlebnisse und darüber hinaus über alles, was ihn bewegt: »Ich tat dies« und »Ich dachte das«. Für den Leser entsteht der Eindruck, als würde er im Kopf der erzählenden Figur sitzen. Oder als wären er und der Ich-Erzähler schon immer enge Freunde. Das Schöne daran: Der Leser kann sich sehr einfach in die erzählende Figur hineinversetzen und sich mit ihr identifizieren. Er fühlt mit ihr, weil sie ihm all ihre Beweggründe und Gedanken anvertraut.

Jedoch kann so ein Ich-Erzähler dem Autor beim Schreiben der Geschichte auch sehr viel abverlangen. Denn natürlich kann die erzählende Figur nur die Dinge schildern, die sie weiß oder mitbekommt. Nur, was sie sieht, riecht, hört, schmeckt, denkt und fühlt, kann der Autor auch in seiner Geschichte erwähnen. Ständig muss er deshalb prüfen: Kann ich diese Information meinen Ich-Erzähler jetzt überhaupt sagen lassen oder kann er darüber gar nicht Bescheid wissen? Immerhin wäre es doch sehr seltsam, wenn der Protagonist ausführliche Details über die Vergangenheit einer Person wüsste, die er eigentlich gar nicht kennt, oder? Wenn du einen Ich-Erzähler für deine Geschichte aussuchst, dann bedeutet das also, dass du ausschließlich von den Ereignissen rund um die erzählende Figur berichten kannst. Alle Geschehnisse, an denen sie nicht beteiligt ist, musst du aus-

4   Gier, Kerstin: Rubinrot – Liebe geht durch alle Zeiten. Würzburg: Arena Verlag 2009, S. 13.

Perspektivenwechsel

Nicht nur Menschen haben eine Menge zu erzählen. Auch mancher Gegenstand hätte sicherlich das ein oder andere zu berichten, wenn man ihn zu Wort kommen lassen würde. Versetz dich doch einmal in folgende Dinge und wäge ab, über was sie erzählen könnten. Was könnten die Gegenstände wissen? Worüber haben sie höchstwahrscheinlich keine Informationen?

1. Eine Couch erzählt eine Geschichte über …
2. Ein Fahrkartenautomat erzählt eine Geschichte über …
3. Ein Weihnachtsbaum erzählt eine Geschichte über …

lassen. Ihre Erfahrungen sind in deiner Geschichte das Aller-wichtigste.

Ein Ich-Erzähler besitzt in der Regel auch eine eigene Sprache und Persönlichkeit. Er hat Lieblingsausdrücke, darf Situationen aus seiner Sicht kommentieren und das Verhalten von anderen deuten. Das muss er sogar, da er ja nicht in sie hineinsehen kann. In jedem Satz des Ich-Erzählers schwingt sozusagen seine Wer-tung der Ereignisse und seine Meinung über andere Personen mit. Er ist deshalb auch nicht für Geschichten geeignet, in denen mehrere unterschiedliche Seiten eines Problems erläutert werden sollen. Eher passt er zu einer Story, in der es um innere Konflikte oder Gefühle geht. Gern wird er auch in den Genres verwen-det, in denen sein begrenztes Wissen ausgenutzt werden kann. Horrorgeschichten können zum Beispiel sehr gut aus der Per-spektive der Hauptfigur erzählt werden: Sie weiß nicht, was vor sich geht, kann sich die mysteriösen Geschehnisse nicht erklären und bekommt Angst – genau wie der Leser, denn auch er weiß ja nur das, was sie weiß.

Alles im Blick – Der auktoriale Erzähler

Der auktoriale Erzähler ist ein richtiger Schlaumeier. Er weiß alles, kennt jeden und hat den totalen Überblick. Er kann die Gedanken aller Figuren in der Geschichte lesen und ist genauestens infor-miert, was sich in ihrer Vergangenheit ereignet hat und was sie in der Zukunft erwartet. Anders als der Ich-Erzähler ist er nicht Teil der Handlung, sondern »schwebt« als Beobachter über ihr.

Isabel Abedi verwendet in ihrem Roman *Whisper* einen auk-torialen Erzähler, der im folgenden Beispiel seine Chance nutzt, um den Leser vorab schon mal darauf zu stoßen, was noch auf ihn zukommt:

> »Gilbert nickte, und zwei Minuten später bremste Kat
> vor der geschlossenen Toreinfahrt. Es war ein einfaches
> Tor aus Draht und Holz, das in den eisernen Angeln
> zweier Pfähle steckte. Dahinter, umgeben von einem

großen, fast kreisrunden Gartenstück voller Wiesenblu-
men, Walnuss-, Laub- und Obstbäumen, war das Haus.
Das Haus, das Noa später *Whisper* taufen würde.«[5]

Der auktoriale Erzähler hat einen großen Vorteil: Er hält alle
Fäden in der Hand und kann die Geschichte aufbauen, wie er
möchte: Er kann zuerst aus dem Leben der einen Figur und dann
aus dem der anderen erzählen. Er kann in der fernen Zukunft
beginnen. Oder Hinweise geben, was im Verlauf der Geschichte
noch alles geschehen wird.

Wir haben es hier mit einem allwissenden und allmächtigen
Erzähler zu tun. Deshalb kann und darf er auch seinen Senf zu allen Begebenheiten, jeder Figur und sämtlichen Problemen in der
Geschichte abgeben. Wenn er möchte, kann er den Leser sogar
direkt ansprechen und ihn auf Einzelheiten aufmerksam machen.
Denk mal an das Kapitel *Willkommen zu Spannung, Stress und
schweren Entscheidungen* zurück. Dort konntest du einen Tipp
finden, wie der auktoriale Erzähler dir helfen kann, Spannung zu
erzeugen. Er kann den Leser mit Informationen versorgen, die
die Charaktere in der Geschichte nicht haben: Die Hauptfigur
wird vom Geheimdienst abgehört, hat die Wanzen in ihrer Woh-
nung aber bisher nicht entdeckt. In seiner Heimatstadt Berlin ist
ein Ufo gelandet, aber der Protagonist ist gerade auf Geschäfts-
reise in Paris. Das Militär experimentiert mit einer gefährlichen
Chemikalie und hält dies streng geheim. Der auktoriale Erzähler
kann über all das Auskunft geben und dem Leser darüber hinaus
noch deutlich machen, welch großes Unglück ins Haus steht. Die
Folge: Der Leser zittert mit den ahnungslosen Figuren, weil er
weiß, worauf sie zusteuern.

Trotz aller Vorteile birgt die Wahl des auktorialen Erzählers
auch eine große Gefahr: Er will manchmal einfach nicht auf-
hören, alles zu erklären und jedes Detail zu kommentieren. Er
schweift ab und verliert sich in Beurteilungen des Geschehens.

---

5 Abedi, Isabel: *Whisper.* Würzburg: Arena Verlag 2005, S. 12.

Für die Geschichte kann das zum Desaster werden: Der Leser kann den Ereignissen nicht mehr folgen und ist im schlimmsten Fall von der Besserwisserei des Erzählers genervt. Viel lieber ist ihm nämlich, wenn Figuren und Ereignisse beschrieben und nicht pausenlos bewertet werden. Du musst daher aufpassen, dass du die Handlung nicht aus dem Blick verlierst. Lass dich nicht dazu hinreißen, dass der auktoriale Erzähler in deiner Geschichte jede Kleinigkeit deutet. Zur Probe kannst du dich ja hin und wieder fragen: Ist eine Einschätzung an dieser Stelle wichtig oder kann ich auch getrost auf sie verzichten?

Ein unscheinbarer Zeitgenosse – Der personale Erzähler

Der personale Erzähler ist im Gegensatz zu seinen Kollegen, dem Ich-Erzähler und dem auktorialen Erzähler, ziemlich unscheinbar. Denn er ist weder ein allwissender Kommentator noch jemand, der gern und viel über sich selbst redet. Viel eher ist er wie ein Schatten, ein Unsichtbarer, der einem Charakter auf Schritt und Tritt folgt. Was das bedeutet? Ähnlich wie der Ich-Erzähler berichtet der personale Erzähler aus der Perspektive einer Figur. Er nutzt aber nicht die erste Person, sondern die dritte Person, um die Erlebnisse und Gefühle der entsprechenden Figur zu schildern: Sie ist in seiner Geschichte »sie« oder »er«.

Ein kleiner Ausschnitt aus dem Roman *Erebos* von Ursula Poznanski gibt einen ersten Eindruck, wie ein personaler Erzähler klingt:

> »Die nächste halbe Stunde verbrachte Nick damit, Speedy dabei zuzusehen, wie er im Turm zu Quox, dem Barbaren, wurde. Victor hatte ihm Block und Kugelschreiber zur Verfügung gestellt und Nick schrieb sich die Details auf, die er im Turm entdeckte. Die Tafeln waren aus Kupfer, hatte das etwas zu bedeuten? Er notierte jeden Satz, den der Gnom von sich gab, und suchte nach versteckten Botschaften. Kate half

Guck mal, wer da spricht – Die Erzählperspektive deiner Geschichte

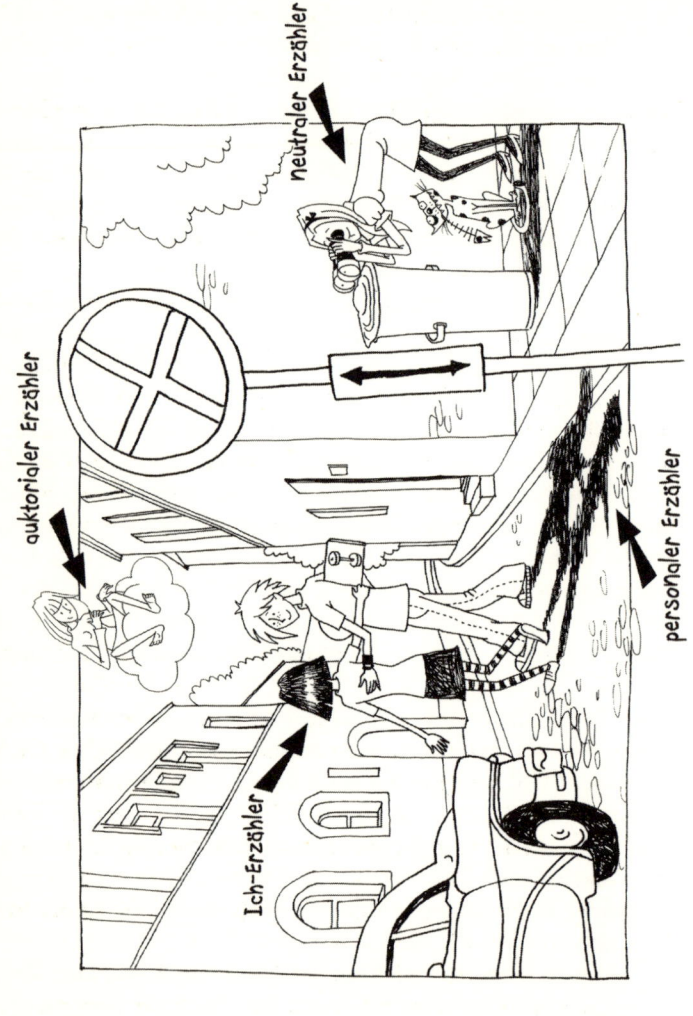

ihm, sie deutete auf Kratzer in der Turmwand. Nick zeichnete sie nach. War darin ein Bild versteckt, ein Plan, ein Name – irgendetwas?«[6]

Was das Beispiel zeigt: Wie bei der Ich-Erzählform erfährt der Leser vom personalen Erzähler nur das, was sich in und um den ausgewählten Charakter abspielt. Er kennt sich nur mit den Dingen aus, von denen die Figur, die er begleitet, Ahnung hat. Er stellt sich dieselben Fragen und grübelt über dieselben Dinge nach. Das Verhalten von anderen Figuren kann er nur interpretieren, ihre Gefühle nur an ihren Reaktionen ablesen. Für dich als Autor heißt das: Du musst dich genau wie beim Ich-Erzähler immer fragen, ob der personale Erzähler tatsächlich über alles, was du ihn äußern lässt, Bescheid wissen kann. Rutscht ihm nämlich etwas heraus, für das er hellsehen können müsste, so wird er schnell zum auktorialen Erzähler. Wenn du Pech hast, verwundert das den Leser. Er hat dann das Gefühl, dass plötzlich jemand anderes die Geschichte erzählt.

Ohne jeden Schnickschnack – Der neutrale Erzähler

Der neutrale Erzähler ist ein großer Freund der Einfachheit. Er berichtet nur über das, was er sieht. Er mag keine Rückblenden oder Anspielungen und hat keine Meinung. Und sich in eine bestimmte Person zu versetzen ist für ihn auch undenkbar. Gefühle und Gedanken sind für ihn einfach nicht erzählenswert. Als unbeteiligter Beobachter gibt er lediglich wieder, was die Figuren über sich selbst und andere verraten, zum Beispiel in der wörtlichen Rede.

Zur Verdeutlichung hier ein Beispiel, wie ein neutraler Erzähler eine Situation schildern könnte:

Tanja setzte sich mit ihrem Eis auf eine Parkbank. Es dauerte nicht lang, bis ein älterer Herr sie ansprach. »Ist hier noch frei?«, fragte er. In seiner Hand hielt

---

6 Poznanski, Ursula: Erebos. Bindlach: Loewe Verlag 2010, S. 383.

er eine zerknüllte Karte. Tanja nickte und der Mann lächelte. Dann nahm er Platz und breitete die Karte auf seinem Schoß aus. Er fuhr mit dem Finger auf ihr entlang, schüttelte den Kopf und seufzte. Es vergingen fünf Minuten, bis er sich wieder an Tanja wandte: »Sagen Sie, wissen Sie zufällig, wo die Geschwister-Scholl-Straße ist?« Tanja schüttelte den Kopf. »Nein, leider nicht«, antwortete sie. »Aber wo Sie eine gute Eisdiele finden, das kann ich Ihnen sagen.«

Der neutrale Erzähler taucht im Vergleich zu den anderen Erzählformen eher selten auf. Das liegt vor allem daran, dass viele Geschichten nicht von ihm erzählt werden können. Der Leser erfährt durch den sehr nüchternen Blick des neutralen Erzählers nämlich so gut wie nichts über innere Konflikte, Ängste und Hoffnungen der Figuren. Die sind aber oft relevant, zum Beispiel in Liebesgeschichten.

Der Ton macht die Geschichte – Die Erzählhaltung

Genauso ausschlaggebend wie die Perspektive, aus der deine Geschichte erzählt wird, ist auch die Haltung deines Erzählers gegenüber den anderen Figuren und den Ereignissen. Beschreibt er alles ganz ernsthaft oder mit einer großen Portion Ironie? Ist er ergriffen oder eher unberührt? Belehrend oder kumpelhaft?

Die Einstellung des Erzählers ist insofern wichtig, als dass sie sich unmittelbar auf die Wirkung deiner Geschichte niederschlägt. Ist der Erzähler ein Oberlehrer und ein Freund langatmiger Schilderungen, dann ist die Geschichte für den Leser ermüdend. Er wird sich nicht ernstgenommen fühlen oder sich schrecklich langweilen. Ist der Ton des Erzählers hingegen humorvoll, dann wird auch deine Geschichte für den Leser mit hoher Wahrscheinlichkeit witzig. Denk am besten einfach daran, wem du am liebsten zuhörst und welchen Effekt deine Geschichte haben soll: Soll sie den Leser zum Lachen bringen

Übung macht den Meister

Lina und ihre Großmutter

Auf dieser Seite findest du einen Ausschnitt aus einer Geschichte. Zurzeit ist sie noch in der auktorialen Erzählform geschrieben. Versuch dich doch einmal daran, die Passage aus einer anderen Perspektive zu erzählen. Wie würde sie mit einem Ich-Erzähler und wie mit einem personalen Erzähler klingen, der aus Linas Sicht berichtet?

Der Geruch drang durch alle Räume. Obwohl die Türen geschlossen waren, die Abzugshaube laut ratterte und ein Partikelchen nach dem anderen aufsaugte, kroch er durch alle Ritzen ins gesamte Haus. Dieser süßlich-klebrige Duft ihrer Kindheit. Lina liebte es, wenn ihre Großmutter backte. Es erinnerte sie an unbeschwerte Wintertage und abenteuerreiche Sommerabende, an Zeiten, die längst vorüber waren. »Bing«, klingelte der Ofen und auf Linas Gesicht stahl sich ein Lächeln. Vorsichtig nahm ihre Großmutter das Blech aus der Röhre. Dass ihre Finger zitterten, bemerkte Lina nicht. Gierig griff sie nach dem ersten Plätzchen. »Lässt du die wohl erst abkühlen«, ermahnte ihre Großmutter sie. »Von warmen Keksen bekommst du nur Bauchweh.« Lina grinste. Sie wusste, dass Strenge und Durchsetzungsvermögen nicht ihrer Großmutter Sache waren. Das waren sie nie gewesen. Nicht als Lina die Kirschen aus dem Garten der Nachbarn gestohlen hatte. Nicht als sie einem Mädchen aus dem Dorf eine Backpfeife gegeben hatte. Nicht als sie zum ersten Mal betrunken nach Hause kam. Die alte Dame mit den tiefen Furchen auf der Stirn bereute das inzwischen sehr. Sie fühlte sich schuldig. Wäre sie in der Vergangenheit nur dazu fähig gewesen, Lina zu bestrafen. Dann wäre alles anders verlaufen. Und ihrer Enkelin würde das Schlimmste nicht noch bevorstehen.

oder zum Weinen? Ihn nachdenklich stimmen oder ihn auf ein Problem aufmerksam machen? Wenn du dir darüber Gedanken gemacht hast, kannst du dich sicher für eine Erzählhaltung entscheiden. So könnte dein Erzähler zum Beispiel eingestellt sein:

- ironisch
- sarkastisch
- ablehnend
- optimistisch
- kritisch
- zustimmend
- zurückhaltend
- skeptisch
- nüchtern
- berührt

Einen Spezialfall bildet der Ich-Erzähler. Seine Erzählhaltung kannst du dir nicht aussuchen, sie ergibt sich aus seiner Persönlichkeit. Du hast also schon, als du die Figur entworfen hast, vorweggenommen, wie sie die Geschichte erzählt: ob sie ein fröhlicher Mensch oder eher ein Miesepeter ist, ob sie alles kritisch oder wohlwollend beobachtet.

Gelegentlich kann die Erzählhaltung sogar darüber entscheiden, zu welchem Genre eine Geschichte zählt. Was sang Max Herre von der Band Freundeskreis in dem Song *A-N-N-A* noch gleich? »Komik ist Tragik in Spiegelschrift.« Man kann also mit denselben Buchstaben, mit ähnlichen Elementen, eine Geschichte entweder so erzählen, dass der Leser losprustet oder mit einer Träne im Auge zurückbleibt. Nur der Ton des Erzählens entscheidet darüber. Ein kleiner Tipp: Der Regisseur Woody Allen hat zu dieser Behauptung einmal einen Film gedreht. In *Melinda und Melinda* wird die Geschichte einer jungen Frau als Tragödie und als Komödie erzählt – dieselbe Handlung, nur jeweils durch eine andere Brille.

Übrigens: Obwohl du dich auf eine bestimmte Erzählhaltung festlegen solltest, heißt das nicht, dass ein ernster Erzähler völlig humorlos sein muss und ein witziger Erzähler nicht einmal tiefsinnig sein darf. Auch ein kritischer Beobachter kann ruhig mal eine amüsante Bemerkung fallen lassen. Solang sich seine Einstellung nicht von einem Satz auf den nächsten völlig verändert, ist das erlaubt. Im wahren Leben ist ja auch niemand nur lustig oder nur ernst.

5 x Ganz unbedingt ...	5 x Bitte nicht ...
+ dem Erzähler eine eigene Stimme geben: Er hat seine Macken und Eigenarten, die sich in seiner Sprache widerspiegeln.	– den Zufall über die Art des Erzählers entscheiden lassen.
+ mit dem auktorialen Erzähler Spannung erzeugen und dem Leser das Gefühl geben, dass er etwas weiß, das die Figuren nicht wissen.	– den Ich-Erzähler über Sachen sprechen lassen, die er nicht wissen kann. Er riskiert damit das Vertrauen des Lesers.
+ sich für einen Erzähler entscheiden. Ein Wechsel der Perspektive ist nur etwas für Profis.	– einen Ich-Erzähler auswählen, wenn man viele Seiten eines Problems beleuchten will. Dazu ist er einfach nicht geeignet.
+ sich fragen: Was für einen Erzähler mag ich am liebsten? Einen lustigen, einen ernsthaften, einen kritischen?	– einen allwissenden Erzähler all sein Wissen loswerden lassen. Das nervt den Leser oder führt dazu, dass in der Geschichte kein roter Faden mehr erkennbar ist.
+ herumprobieren, welche Erzählhaltung und welche Erzählperspektive zur Geschichte passen. Einfach mal die ersten Sätze der Geschichte aufschreiben und testen, welcher Erzähler sich am besten eignet.	– den ernsten Erzähler dazu zwingen, immer ernst zu sein, und den witzigen dazu, immer witzig zu sein. Ein paar Gefühlsschwankungen sind erlaubt, nur komplett ändern sollte er seine Haltung nicht.

Rezept für eine überraschende Komödie

Die Zutaten:

- einen Helden mit Schwächen, wie zum Beispiel
  - ... Tollpatschigkeit
  - ... Eitelkeit
  - ... Launenhaftigkeit
  - ... Aufmüpfigkeit
- ein Problem, das dem Helden unlösbar scheint, es aber nicht ist
- Humor in Form von: komischen Situationen, gewagten Vergleichen, witzigen Metaphern, sarkastischen Kommentaren und lustigen Dialogen

Die Zubereitung:

Die Hauptfigur mit mindestens einer erheblichen Schwäche ausstatten. Sie aufgrund dieses persönlichen Makels und durch ihr eigenes Verschulden in eine Bredouille geraten lassen. Weitere Fettnäpfchen hinzugeben. Die Hauptfigur in jedes von ihnen stolpern lassen. Dafür sorgen, dass die Lösung des Problems für den Leser erkennbar ist, während der Held unentwegt um sie herumläuft. Unterdessen immer wieder Humor unterheben: lustige Vergleiche, unterhaltsame Dialoge, übertriebene Metaphern. Den Helden ein wenig schmoren lassen. Und erst nach zahlreichen Rückschlägen seinem Ziel näherbringen. Schließlich eine Prise Zufall, eine geniale Idee oder eine Dummheit des Gegenspielers einrühren und dann bis zum Happy End köcheln lassen.

Tipp zur Verfeinerung:

Die Hauptfigur deiner humorvollen Geschichte mit einem Häubchen Selbstironie anrichten. Helden, die ihre Fehler erkennen, sind besonders sympathisch.

Gelungene Ergebnisse:

- William Shakespeare verfasste nicht nur todtraurige, sondern auch sehr witzige Geschichten für das Theater. Zu seinen bekanntesten Komödien zählen *Viel Lärm um nichts*, *Ein Sommernachtstraum* und *Was ihr wollt*.
- Erich Kästners Bücher beweisen, dass Witz und Tiefsinn einander nicht ausschließen müssen: Sein Roman *Emil und die Detektive* verbindet eine humorvolle Geschichte mit Elementen des Krimis und des Abenteuergenres. Damit revolutionierte der Autor 1929 die Literatur für Kinder.
- Mit seinen humorvollen Kurzgeschichten hat sich Horst Evers in den vergangenen Jahren einen Namen gemacht. Der Berliner Autor hat zahlreiche Erzählbände veröffentlicht, unter anderem *Die Welt ist nicht immer Freitag* und *Mein Leben als Suchmaschine*.

Und noch drei schmackhafte Details:

- Das Wort »Humor« stammt aus dem Griechischen und bedeutet so viel wie »Feuchtigkeit« oder »Saft«. In der Antike gingen die Gelehrten davon aus, dass der Gemütszustand des Menschen etwas mit seinen Körpersäften zu tun hätte. Igittigitt!
- Als Komödien werden streng genommen nur fröhliche Theaterstücke mit Happy End bezeichnet. Für die Formen humorvoller Literatur, die nicht für die Bühne geschrieben wurden, gibt es noch einige andere, recht eng gefasste Kategorien, zum Beispiel die Glosse, die Anekdote oder die Satire. Aber keiner dieser Begriffe steht für *alle* Sorten lustiger Geschichten.
- Weil Bären weniger Muskeln im Gesicht als Menschen haben, können sie nicht lachen. Ratten aber schon. Das haben Wissenschaftler in aufwendigen Tests festgestellt.

Kapitel 6

Das Raum-Zeit-
Kontinuum

Welche Rolle der Ort
und die Zeit
für deine Geschichte spielen

Morgens, halb zehn, im 14. Jahrhundert. Maria wacht auf, kocht sich einen Kaffee mit dem Pad-Automaten, schaltet das Radio ein und tanzt in ihrem Polyester-Pyjama zu Lady Gaga. Halt! Irgendwas stimmt doch hier nicht. Im Mittelalter gab es weder Popmusik und Rundfunk noch Kunstfasern und auch keine Kaffeemaschinen. Kurzum: Marias Leben war höchstwahrscheinlich ein völlig anderes als deines heute. Sie hatte andere Sorgen, andere Angewohnheiten und einen anderen Alltag. War sie eine Magd, musste sie sich vermutlich mit harter Arbeit abplagen. War sie eine Adlige, stand ihr vielleicht eine Ehe mit einem ihr völlig fremden Fürsten oder Edelmann bevor. Maria trug andere Kleidung als du, aß andere Lebensmittel, hatte andere Regeln zu befolgen.

Doch was soll das ganze Gerede über diese junge Frau aus dem 14. Jahrhundert eigentlich? Ganz einfach: Es soll zeigen, wie wichtig es ist, dass Autoren ihre Geschichte nicht willkürlich in eine bestimmte historische Epoche versetzen. Dann besteht nämlich Gefahr, dass die Geschichte unrealistisch wird. Die Zeit, in der sie spielt, ist von größerer Bedeutung, als sich so mancher vorstellen kann. Sie prägt die Figuren, sie beeinflusst die Handlung und die Stimmung des Textes – schon allein deshalb, weil sich die Lebensbedingungen in den vergangenen Jahrhunderten immer wieder gravierend verändert haben.

Eine Geschichte, die vor der eigenen Geburt spielt, ist aus diesem Grund nicht immer leicht zu schreiben. Anne C. Voorhoeve, die erst 1963 zur Welt kam, hat ihren Roman *Liverpool Street* trotzdem im Winter 1939 angelegt, also in dem Jahr, in dem der Zweite Weltkrieg begann. Um die Geschichte ihrer Protagonistin Ziska glaubhaft erzählen zu können, musste die Autorin deswegen jede Menge recherchieren. Wie waren die Lebensumstände im Jahr 1939? Und was bedeutete es für die Menschen, als der Zweite Weltkrieg ausbrach? Welche Verhaltensweisen waren damals typisch? Welche außergewöhnlich? Solltest du auch planen, deine Geschichte in der Vergangenheit anzusiedeln, dann solltest du dir ebenfalls umfangreiches Wissen über die entsprechende Epoche aneignen. Viele Autoren befragen Zeitzeugen, um sich ein besseres Bild machen zu können. Natürlich ist das unmöglich, wenn du über Maria aus dem 14. Jahrhundert erzählen möchtest. Immerhin sind alle Menschen aus dieser Zeit vor einer ganzen Weile gestorben. Aber das sollte dir keine großen Probleme bereiten. Für deine Nachforschungen kannst du nämlich auch Geschichtsbücher, historische Karten, Fernseh-Dokumentationen und Archive nutzen. Manche Archive gibt es sogar im Internet.

Es gibt einige Fragen, von denen du dich bei der Suche nach Informationen über die Zeit, in der deine Geschichte spielen soll, leiten lassen kannst:

- Wie sahen die Städte und Orte damals aus?
- Was war den Menschen zu dieser Zeit wichtig?
- Welche bedeutenden historischen Ereignisse haben sich zu dieser Zeit zugetragen?
- Wer hat damals regiert?
- In welchen Verhältnissen haben die Menschen gelebt?
- Welche gesellschaftlichen Probleme gab es?
- Welche Rituale, Bräuche und Traditionen wurden zu dieser Zeit durchgeführt?
- Was für Kleidung trugen die Menschen?
- Was gab es zu essen?
- Welche Erfindungen hat es zu dieser Zeit bereits gegeben?

Willst du deine Geschichte nicht in der Vergangenheit, sondern in der Zukunft spielen lassen, hast du es ein bisschen leichter. Du kannst schließlich nur begrenzt recherchieren – es sei denn, du kennst eine zuverlässige Hellseherin. Du kennst keine? Dann musst du dich voll und ganz auf deine Vorstellungskraft verlassen. Veranstalte in Gedanken einfach einen kleinen Trip ins Jahr 2100 und frage dich: Wie könnte unsere Welt dann aussehen? Was würde sich bis dahin verändert haben? Wie würden die Menschen leben?

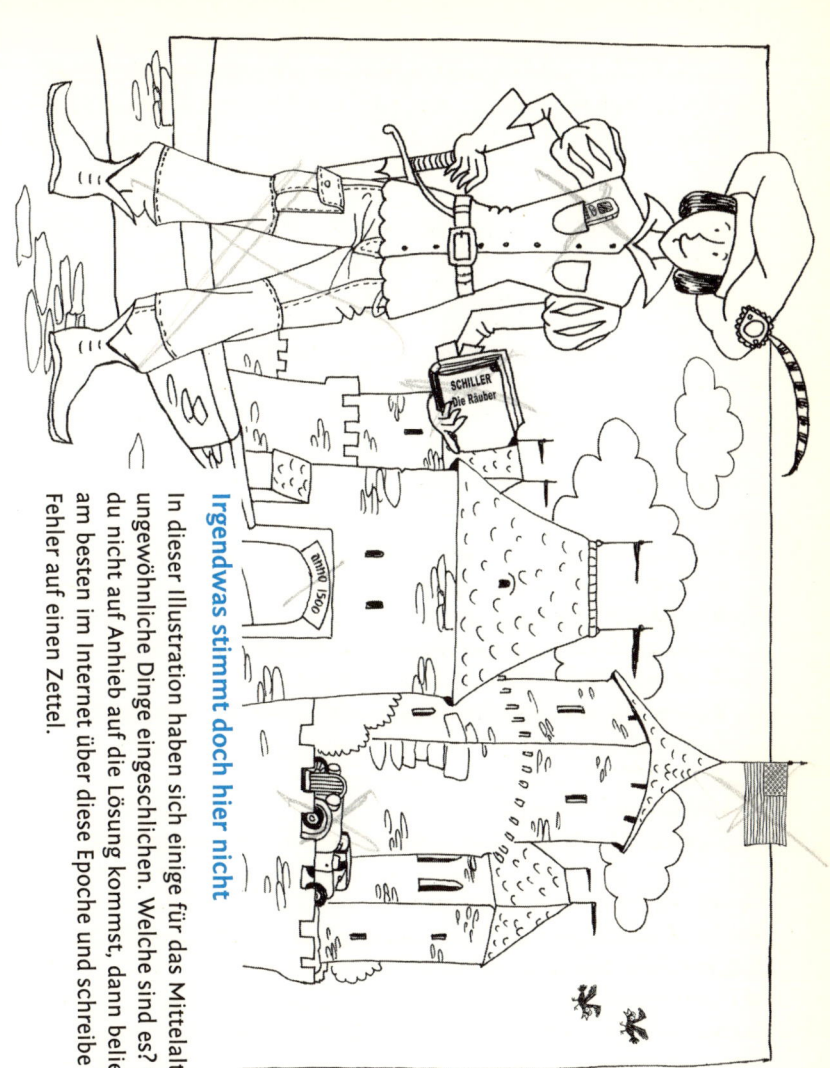

Irgendwas stimmt doch hier nicht

In dieser Illustration haben sich einige für das Mittelalter sehr ungewöhnliche Dinge eingeschlichen. Welche sind es? Wenn du nicht auf die Lösung kommst, dann belies dich am besten im Internet über diese Epoche und schreibe die fünf Fehler auf einen Zettel.

Meine Hauptfigur soll aus der Gegenwart in ein anderes Jahrhundert geraten. Gelten die ganzen Regeln dann auch für sie?

Jein. Natürlich solltest du das entsprechende Jahrhundert realistisch beschreiben können, die Hauptfigur sollte aber möglichst nur wenig über es wissen. Der Reiz einer Zeitreise-Geschichte besteht schließlich darin, dass sich der Protagonist in einer völlig fremden Umgebung und unter anderen Umständen zurechtfinden muss. Ein kleiner Tipp: Denk beim Schreiben immer wieder darüber nach, wer wen beeinflusst. Was lernt die Hauptfigur von den Menschen aus der Zukunft beziehungsweise Vergangenheit? Und was kann sie ihnen mit auf den Weg geben?

Der einfachste Weg scheint zu sein, die Geschichte in der Gegenwart spielen zu lassen. Dann kannst du dir die Überlegungen über historische Ereignisse oder zukünftige technische Errungenschaften komplett sparen, brauchst nicht darauf zu achten, ob die Leute nur Dinge tun, die für ihre Zeit typisch sind, und ob sie die richtigen Klamotten anhaben. Schließlich kennst du dich ja rundum im Hier und Jetzt aus. Doch weit gefehlt, auch wenn du deine Geschichte in der Gegenwart ansiedelst, gibt es Dinge zu beachten. Denn nicht nur das Zeitalter, in dem deine Figuren leben, auch die Tages- und Jahreszeiten, von denen du erzählst, nehmen Einfluss auf die Geschichte, zum Beispiel auf ihre Stimmung.

Überleg nur einmal: Ein sonniger Sommertag lässt bei dir doch bestimmt andere Erinnerungen und Gefühle aufkommen als eine stürmische und verregnete Herbstnacht. Und so ist es auch beim Leser. Indem du ihm erzählst, wann die Handlung geschieht, kannst du ihm auch ein Stück weit erklären, in welcher Lage deine Figuren sind: Sind die äußeren Bedingungen für deinen Protagonisten angenehm oder unangenehm? Bequem oder beschwerlich? Düster oder heiter?

Aber Achtung: Bitte beginne deine Geschichte nicht mit einem ausführlichen Bericht über die Jahreszeit und das Wetter, das gerade herrscht. Der Leser möchte zwar wissen, wann und wo sich die Figuren befinden, meteorologische Details findet er aber nicht sehr interessant – zumindest nicht interessant genug, um sie gleich zu Anfang ausführlich zu erfahren. Er ist eher darauf gespannt, wer die Figuren in deiner Geschichte sind. Streue Angaben über Jahreszeiten, Wetter und Co. deswegen lieber nur in kleinen Dosen ein. Damit verhinderst du, dass der Leser denkt: Gut, ich hab jetzt verstanden, dass es ein kühler Frühlingsmorgen ist. Wann fängt denn jetzt endlich die Geschichte an?

In der Literaturwissenschaft gibt es zwei wichtige Begriffe, die verwendet werden, um zu beschreiben, wie Autoren zeitliche Abläufe in Geschichten gestalten: die erzählte Zeit und die Erzählzeit. Was bedeuten diese Begriffe? Die erzählte Zeit ist die Zeitspanne, über die sich die Handlung einer Geschichte erstreckt. Der Autor erzählt zum Beispiel von einem Monat im Leben seiner Hauptfigur. Der Begriff »Erzählzeit« beschreibt hingegen die Zeitdauer, die der Leser braucht, um die entsprechende Geschichte zu lesen. Da es etwas kompliziert ist, hier noch einmal etwas anschaulicher: Wenn deine Geschichte von den Sommerferien erzählt, dann entspricht die erzählte Zeit sechs Wochen. Ist diese Geschichte zehn Seiten lang, dann hat der Leser sie in höchstens einer Stunde durchgelesen. Die Erzählzeit beträgt dann sechzig Minuten.

Warum das alles wichtig ist? Aus folgendem Grund: Je größer der Anteil eines Ereignisses an der gesamten Erzählzeit einer Geschichte ist, desto wichtiger erscheint es dem Leser. Oder anders formuliert: Wenn du das Frühstück deines Helden auf drei Seiten abhandelst und vom Rest des Tages in zehn Sätzen berichtest, wird der Leser davon ausgehen, dass das Essen wirklich folgenschwer für den weiteren Verlauf der Handlung ist. Du musst dir deshalb vor dem Losschreiben darüber klar werden, welche Stunden und Minuten im Leben deines Helden so bedeutsam sind, dass du sie betonen möchtest, und welche es nicht sind.

Das Spiel mit den Jahreszeiten

Jede Jahreszeit ruft beim Leser bestimmte Assoziationen und Gefühle hervor. Was fällt dir ohne langes Hirnzermartern zu den unten aufgeführten Monaten ein? Nenne je fünf Stichwörter und überlege, was für eine Geschichte sich wann abspielen könnte. Welches Thema passt zum Februar? Welches zum Mai? Was könnte sich im August ereignen und was im November? Nimm dir am besten ein Blatt Papier und einen Stift zur Hand, dann hast du mehr Platz zum Schreiben.

Februar:
Stichwörter:
Thema:

Mai:
Stichwörter:
Thema:

August:
Stichwörter:
Thema:

November:
Stichwörter:
Thema:

Stell dir einfach diese Fragen, wenn du dich für eine Zeitspanne im Leben deiner Hauptfigur entschieden hast:

- Welche Momente kann ich in ein paar Worten zusammenfassen, weil sie nicht so bedeutend sind?
- Welche Ereignisse sollte ich ausführlich beschreiben, weil sie wichtig sind?
- Was kann ich weglassen?

Im Kapitel *Willkommen zu Spannung, Stress und schweren Entscheidungen* konntest du ja bereits den Tipp finden, dass du dich bei einer kürzeren Geschichte lieber auf einen kleinen Ausschnitt aus dem Leben deiner Figuren beschränken solltest. Der Grund: Auf diese Weise vermeidest du große zeitliche Sprünge, beziehungsweise dass du sehr viele Ereignisse raffen musst. Du kannst darauf verzichten, immer wieder neu zu erklären, in welchem zeitlichen Abschnitt sich der Leser gerade befindet. Stattdessen bleibt mehr Platz für die Beschreibung der Gefühle deines Helden und für die Handlung. Und der Leser findet sich leichter in der Geschichte zurecht.

Wo sich die Figuren rumtreiben – Der Schauplatz

Nachdem du erfahren hast, wie du Doktor Frankenstein wirst und dass du als Autor manchmal ein Zeitreisender sein musst, fehlt dir nun noch das notwendige Wissen über Landschaftsarchitektur und Inneneinrichtung. Denn nicht nur, wer deine Figuren sind und wann sich deine Geschichte zuträgt, ist wichtig, auch wo sie sich ereignet. Der Schauplatz deiner Geschichte sollte nämlich nicht nur Kulisse sein, sondern der Lebensraum deiner Figuren. Und genau so solltest du ihn auch gestalten: lebendig.

Warum die ganze Mühe? Die Orte, an denen sich deine Figuren aufhalten, haben eine Wirkung auf sie oder charakterisieren sie: Ist dein Protagonist zum Beispiel am liebsten in einer alten Bibliothek, dann wird er wohl ein Bücherwurm sein. Und wenn er mit Vorliebe in seinem unaufgeräumten Zimmer herumhängt, dann ist er wahrscheinlich ein Faulenzer. Orte eignen sich darüber hinaus gut, um die Probleme deiner Figuren zu unterstreichen und zu veranschaulichen, in welcher Situation sie stecken. Denn verschiedene Schauplätze vermitteln auch verschiedene Stimmungen. Es macht beispielsweise einen großen Unterschied, ob das Geschehen in einem ruhigen Café oder an einem reißenden Fluss stattfindet. Ein Café verknüpfen die meisten Menschen gedanklich mit Gemütlichkeit oder einem netten Pläuschchen. Es wäre daher ein guter Ort, um deine Figur dort auf Freunde treffen zu lassen. Ein reißender Fluss erinnert den Leser hingegen daran, dass es Naturgewalten gibt, gegen die man nur wenig ausrichten kann. Er steht für Abenteuer und wäre somit der perfekte Schauplatz für eine Geschichte über eine Mutprobe oder über jemanden, der sich selbst in Gefahr bringt, um einen anderen aus dem Wasser zu retten.

Folgende Fragen solltest du bei deinen Überlegungen zum Handlungsort einbeziehen: Wo spielt deine Geschichte genau?

- Im In- oder Ausland?
- Drinnen oder draußen?
- In der Stadt oder auf dem Land?
- In einem schicken Stadtteil oder in einem Problembezirk?
- In einem Einfamilienhaus oder in einer Studenten-WG?
- In einem kleinen Zimmer oder einem Loft?

Damit sich der Leser den Schauplatz deiner Geschichte vorstellen kann, solltest du nicht nur beschreiben, wie er aussieht. Du solltest auch schildern, welche anderen Eindrücke der Ort hinterlässt. Was nehmen die Figuren, abgesehen von dem Sichtbaren, wahr? Welche ihrer Sinne werden angesprochen? Ziel ist es, dass der Leser eine Ahnung bekommt, wie es sich anfühlt, am Ort des Geschehens zu sein und in den Schuhen der Figuren zu stecken. Ist der Handlungsort beispielsweise dunkel und kalt, so wird er auf ihn ungemütlich oder gar bedrohlich wirken. Ist er hingegen hell und warm, wird der Leser die Figuren entspannt dorthin begleiten.

Um die Atmosphäre deines Handlungsortes möglichst gut zu transportieren, solltest du unter anderem Antworten auf diese Fragen wissen:

- Wonach riecht es an dem Schauplatz?
- Welche Geräusche sind zu hören?
- Wie warm oder kalt ist es?
- Herrscht Enge?
- Wie fühlt sich der Boden an?
- Ist es hell oder dunkel?

Und bist du nun bereit für eine kleine atmosphärische Ortsbeschreibung? Cassandra Clare schildert die Umgebung ihrer Protagonistin Clary an einer Stelle in *City of Bones – Chroniken der Unterwelt* zum Beispiel so:

>»Clary stieß die Tür zum Lager auf und schlüpfte hinein. Zuerst dachte sie, der Raum sei leer. Es gab nur wenige Fenster, doch die befanden sich hoch unter der Decke und waren verschlossen; von draußen drangen gedämpfter Straßenlärm, Autohupen und quietschende Reifen an ihr Ohr. Es roch nach alter Farbe und eine dicke Staubschicht voll verwischter Schuhabdrücke bedeckte den Boden. Es ist niemand hier, stellte Clary verwundert fest und schaute sich um. Trotz der Augusthitze war der Raum kühl. Ihr verschwitzter Rücken fühlte sich eiskalt an. Gleich beim ersten Schritt verfing sich ihr Fuß in einem Elektrokabel. Sie bückte sich, um den Schuh zu befreien, als sie plötzlich Stimmen hörte. Das Lachen eines Mädchens, dann eine scharf reagierende Jungenstimme.«[7]

---

7 *Clare, Cassandra: City of Bones – Chroniken der Unterwelt. Würzburg: Arena Verlag 2008, S. 19.*

Ab und zu kann es schon genügen, wenn sich der Protagonist in der gesamten Geschichte nur an einem einzigen Ort aufhält. Manchmal braucht man aber auch viele verschiedene. In Abenteuergeschichten reisen die Figuren zum Beispiel häufig, sodass sich ihre Umgebung immer wieder verändert.

Unabhängig davon ist es hilfreich, wenn ein Autor seine Geschichte dort spielen lässt, wo er sich auskennt – zumindest dann, wenn er eine echte Stadt oder einen anderen wirklich existierenden Ort als Schauplatz auswählt. Warum? Erstens: Eine ihm bekannte Umgebung kann der Autor anschaulicher und detaillierter beschreiben. Und zweitens: Er baut nichts in seine Geschichte ein, das nicht stimmt. Stell dir nur mal vor, du schreibst über die Hamburger Hafencity und lässt die Figuren durch Straßen laufen, die es dort gar nicht gibt. Oder behauptest aus irgendeinem Grund, von den Landungsbrücken bis zur Reeperbahn müsse man drei Stunden Fußweg einplanen. Und dann würde ein Einheimischer deine Geschichte lesen und danach sagen: »Das ist aber falsch. Das weiß ich ganz genau.« Das wäre peinlich, oder?

Noch höher wird die Wahrscheinlichkeit, solche unangenehmen Fehler zu machen, wenn du deine Figuren auf ausländischem Boden herumlaufen lässt. Wenn du deine Geschichte nach Indien oder China versetzt, dann musst du nicht nur über das Wetter und die Architektur der Städte dort Bescheid wissen. Du musst auch wissen, wie die Menschen in diesen Ländern leben. Was für Angewohnheiten haben sie? Wie gehen sie miteinander um? Was ist typisch für sie? Denn die Leute in verschiedenen Teilen der Welt unterscheiden sich. Amerikaner begrüßen sich zum Beispiel immer mit einem »How are you?«, wollen aber keinen ausführlichen Bericht, sondern nur eine Floskel als Antwort. Und in Japan wird es nicht gern gesehen, wenn man ein Taschentuch in Gegenwart anderer verwendet. Wenn du nicht viel über das entsprechende Land weißt, solltest du deshalb lieber die Finger davon lassen, es als Schauplatz auszuwählen. Es kann sonst passieren, dass der Leser die Figuren,

Location-Scout

Versuche dich als Location-Scout in deiner Heimatstadt. Wo herrscht welche Atmosphäre? Suche je Stimmung mindestens einen Ort in deiner Umgebung und fotografiere ihn.

1. bedrohlich
2. unheimlich
3. beklemmend
4. spießig
5. steril
6. eklig
7. freundlich
8. sonderbar
9. frei
10. festlich
11. romantisch
12. reich
13. gemütlich
14. chaotisch
15. ärmlich

Drucke die Bilder im Anschluss aus und klebe sie in dein Projektbuch oder speichere sie auf deinem Computer in einem extra Ordner. Dann hast du später eine Kartei, in der du nach einem passenden Handlungsort suchen kannst.

die sich anders als ihre realen Landsmänner verhalten, nicht als »echte« Personen akzeptiert. Daher ein Ratschlag: Wähle für den Anfang einen Handlungsort in deiner Nähe. Dann musst du dir keine Gedanken darüber machen, ob deine Figur auch gerade so handelt, wie es für Menschen ihres Kulturkreises angebracht ist.

Natürlich neigt mancher Autor, der seine Geschichte an einem realen Ort spielen lässt, dazu zu sagen: »Ach, das bekommt eh keiner mit, wenn ich mir was zusammenreime.« Aber falsch gedacht. Viele Leser sind ausgesprochen kritisch und wenn ihnen etwas seltsam vorkommt, dann haben sie dank des Internets die Möglichkeit, Informationen zu überprüfen. Es ist also nicht unwahrscheinlich, dass sie dich dabei ertappen, wenn du nicht ausreichend recherchiert hast. Und wenn das erst einmal passiert ist, dann wackelt die Glaubwürdigkeit deiner gesamten Geschichte – und deine noch dazu.

Gleiches gilt übrigens auch für solche Schauplätze, die du für deine Geschichte erfunden hast, die aber viel mit Orten in der Realität gemeinsam haben: Auch der Hundesalon »Pudelski« und die Neubausiedlung »Plattenburg« sollten von dir so dargestellt werden, als wären sie echt. Versuch deshalb, dich von Vorurteilen frei zu machen. Sprich mit Menschen, die sich in einer solchen Umgebung auskennen. Sie können dir die nötigen Details nennen, die du brauchst, um die Plätze in deiner Geschichte lebensnah wirken zu lassen.

Ein Schauplatz, den es wirklich gibt oder geben könnte, ist für deine Geschichte nicht das Richtige? Sie soll lieber auf einem unentdeckten Planeten oder in einem Garten mit übergroßen Fliegenpilzen spielen? Das ist eine tolle Idee. Wenn du eine Fantasy- oder Science-Fiction-Story schreibst, dann kannst du dich bei der Gestaltung der Umwelt deiner Figuren richtig austoben. Jedoch gilt auch hier: Du solltest den Schauplatz deiner Geschichte vorab genau unter die Lupe nehmen. Du kannst zwar keine Falschaussagen machen, aber wenn du nicht achtgibst, verzettelst du dich. Irgendwann weißt du nicht mehr, wo

Nachgeforscht

Um deine Recherchefähigkeiten zu trainieren, such dir eine Straße in einer Stadt aus, die du kennst, in der du aber nicht lebst, zum Beispiel Lübeck. Versuche nun, so viele Informationen wie möglich über die angrenzende Umgebung herauszubekommen. Nutze, um die Antworten auf die nachfolgenden Fragen zu finden, das Internet, Stadtpläne, Restaurantführer, Bücher oder quetsche Bekannte und Verwandte aus.

1. In welchem Stadtteil ist die Straße?
2. Was für Häuser stehen dort?
3. Hat dort mal jemand Berühmtes gewohnt?
4. Wo ist der nächste Bäcker/Friseur?
5. Gibt es Restaurants in der Gegend? Welche?
6. Was für Menschen wohnen dort hauptsächlich?
7. Warum heißt die Straße so, wie sie heißt?
8. Gibt es einen Park in der Nähe?

in deinem erdachten Staat Linusien die Hauptstadt lag. Oder du hast vergessen, wo in dem mysteriösen Haus der gruselige Wandschrank stand. Das Beste ist deshalb: Skizziere die Umgebung deiner Figuren, so wie es bekannte Fantasy-Schriftsteller tun. In ihren Büchern findet der Leser auf den ersten oder letzten Seiten oft eine Karte, auf der alle wichtigen Orte eingezeichnet sind. J.R.R. Tolkien, der Autor von *Der Herr der Ringe,* hat zum Beispiel gleich reihenweise Pläne von Mittelerde gezeichnet. Er soll dazu mal gesagt haben: »Wenn man eine komplizierte Geschichte schreibt, muss man mit einer Karte arbeiten.« Und recht hatte er. Sie können dir helfen, die Übersicht zu behalten.

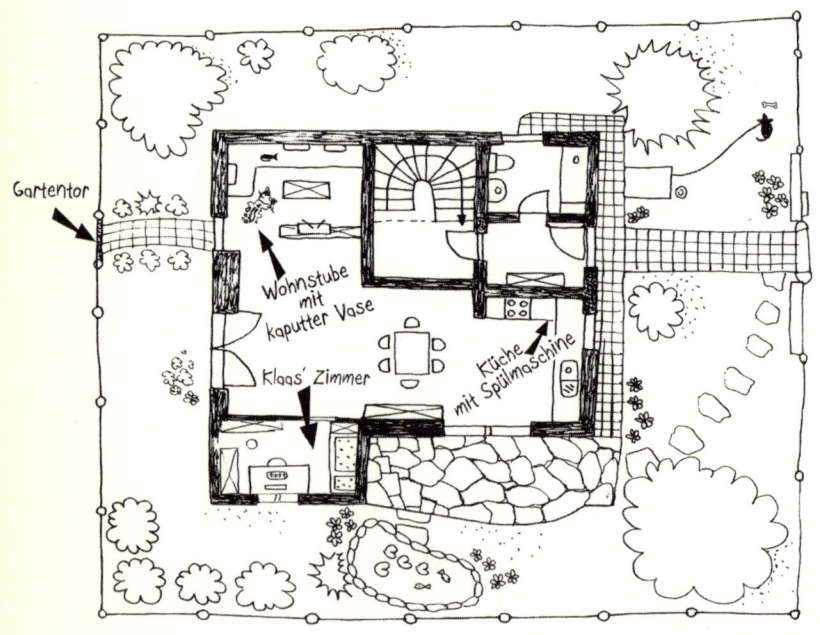

5 x Ganz unbedingt ...

+ recherchieren, recherchieren, recherchieren. Das Internet, Bücher und Bekannte können dir haufenweise Informationen über Orte und Epochen liefern.

+ sich für eine Tages- und Jahreszeit entscheiden, zu der die Geschichte spielen soll. Das hilft dabei, Atmosphäre zu schaffen.

+ überlegen, welche zeitlichen Abschnitte im Leben deiner Figuren wichtig sind. Dann weißt du, an welchen Stellen du ausführlich werden solltest und an welchen nicht.

+ auch ausgedachte Schauplätze so beschreiben, dass sie real wirken. Einzige Ausnahme: Fantasy-Welten. In ihnen können die Figuren sogar riesige rosafarbene Berge besteigen.

+ Karten und Skizzen anfertigen. Dank ihnen behält man den Überblick über den Schauplatz.

5 x Bitte nicht ...

– die Geschichte wahllos in irgendeine historische Epoche verlegen. Es besteht höchste Gefahr, dass sich grobe Fehler einschleichen, die sie unglaubwürdig machen.

– Geschichten mit detaillierten Beschreibungen des Wetters beginnen. Das langweilt den Leser sehr schnell.

– sich darauf verlassen, dass der Leser Fehler in der Beschreibung realer Schauplätze nicht mitbekommt. Das wird er. Ganz bestimmt.

– einen Schauplatz auswählen, der einem völlig unbekannt ist. Die Menschen in den USA oder Nepal haben andere Angewohnheiten, andere Sitten und andere Marotten.

– nur beschreiben, was man sieht. Gerüche und Geräusche wirken sich ebenso auf die Stimmung an einem Ort aus.

Rezept für eine kreative Fantasystory

Die Zutaten:

- übernatürliche, märchenhafte oder mythologische Elemente, wie zum Beispiel:
  * Drachen, Feen, Zwerge, Riesen, Trolle, Seeschlangen, Untote
  * Zauberkräfte, Hellseherei und andere übermenschliche Kräfte
  * magische Gegenstände oder Orte
- eine Welt mit eigenen Naturgesetzen, einer fremden Kultur und bewegten Geschichte
- einen Helden, der die Welt retten soll, indem er
  ... sich einem übermächtigen Gegner im Kampf stellt
  ... einen bedrohlichen Gegenstand oder Ort vernichtet
  ... jemanden oder etwas befreit
  ... etwas findet, das notwendig ist, um das Schicksal zu wenden
- und wie der Name schon sagt: viel Fantasie

Die Zubereitung:

Den Helden und seine andersartige Welt vorstellen. Ihn mit einer Bedrohung konfrontieren. Ihn durch Zufall, Vorhersehung oder die bewusste Entscheidung höherer Mächte dazu bestimmen, die Welt zu erretten. Ihm Verbündete zur Seite stellen und magische Hilfsmittel mit auf den Weg geben. Ihn dann auf eine Reise schicken und portionsweise Hindernisse und gegnerische Figuren hinzugeben. Ihn in Kämpfe verwickeln, die er mithilfe seiner Gefährten, der Zaubergegenstände und seiner eigenen Fähigkeiten gewinnt. Schrittweise die Geheimnisse der Welt enthüllen und die Zweifel des Helden wachsen lassen. Kann er es überhaupt schaffen? Ihm durch ein bedeutendes Ereignis neuen Mut, neue Kraft und Willensstärke verleihen und schließlich auf den übermächtigen Gegner oder die letzte unüberwindbare Hürde treffen lassen. Alles mit einem Triumph über das Böse servieren.

Tipp zur Verfeinerung:

Mutig sein! Neben den bekannten Märchen- und Sagenfiguren auch ruhig ein paar neue, selbst ausgedachte hinzugeben oder bekannte Figuren mit zusätzlichen, einprägsamen Merkmalen ausstatten. So wie J.R.R. Tolkien einst seine Hobbits mit haarigen Füßen und großem Appetit bedachte und für seine Elben eine eigene Sprache entwickelte. Die Mühe wird belohnt: Neuerfindungen faszinieren den Leser.

Gelungene Ergebnisse:

- Als einer der Begründer des modernen Fantasy-Genres gilt J.R.R. Tolkien. Nach dem Erfolg von *Der Hobbit* bat ihn sein Verlag, eine Fortsetzung zu schreiben. Heraus kam *Der Herr der Ringe,* der in den Sechzigerjahren eine Welle der Begeisterung auslöste und die Maßstäbe für das Genre setzte. Neben seinen Romanen hat der Autor auch kürzere Geschichten verfasst: Der Erzählband *Das Silmarillion* versammelt Tolkiens unvollendete Werke und befasst sich mit der Vorgeschichte von *Der Hobbit* und *Der Herr der Ringe*.
- In Michael Endes *Die unendliche Geschichte* gerät Bastian, ein normaler Junge, durch ein Buch in eine Parallelwelt und soll sie retten: Phantásien wird nach und nach vom »Nichts« zerstört. Schuld daran ist die Krankheit der Kindlichen Kaiserin, deren Heilmittel nur Bastian kennt. Der Roman des deutschen Autors erschien 1979 und wurde seither in über vierzig Sprachen übersetzt.

Und noch zwei schmackhafte Details:

- Fantasy-Literatur ist bei Lesern seit jeher beliebt, bei Kritikern fällt sie trotzdem immer wieder durch. Sie werfen den Autoren vor, sich vor den Problemen der realen Welt zu verschließen. Michael Ende wanderte 1970 sogar nach Italien aus, weil er die Debatten der deutschen Medien über seine »weltfremden« *Jim Knopf*-Bücher nicht länger ertragen konnte.
- Auf Island genehmigen die Ämter Baumaßnahmen erst, wenn geklärt wurde, ob auch keine Elfen bedroht werden. Kein Scherz! Die Isländer glauben, dass es Unheil nach sich zieht, wenn man die Elfen mit Maschinen und Beton aus ihrem Lebensraum vertreibt.

Kapitel 7

Die hohe Kunst
der ersten und der
letzten Zeile

Was du beim Schreiben
des Anfangs und des Schlusses
beachten solltest

Aller Anfang ist schwer, oder? – Der erste Satz

Beim Schreiben ist es wie beim Date mit dem großen Schwarm: Der erste Satz ist der schwerste. Und der entscheidendste. Denn er verrät, was wir erwarten dürfen: Wird diese Geschichte aufregend? Lohnt es sich, sich auf sie einzulassen? Oder wird sie am Ende todlangweilig und unglaublich enttäuschend? Kurz gesagt: Der Satz Nummer eins macht zwar noch keine große Liebe, kann aber über Sympathie oder Abneigung entscheiden – sowohl im wahren Leben als auch in der Literatur.

Und so ist es sehr wichtig, dass du dich gleich von Anfang an mächtig ins Zeug legst. Denn – wie sagt man so schön – es gibt keine zweite Chance für einen ersten Eindruck. Deshalb musst du es schaffen, den Leser so schnell und so tief wie möglich in deine Geschichte hineinzuziehen, ihn zu faszinieren und zu überraschen. Aber bitte versuch nicht, ihn mit allerhand Informationen über die Welt zu fesseln, die du erschaffst. Ein vielversprechender Einstieg, der dazu führt, dass der Leser den zweiten, dritten, vierten und fünften Satz ebenfalls liest, ist nicht mit Details überladen, sondern meist kurz und prägnant. So kürten die *Initiative Deutsche Sprache* und die *Stiftung Lesen* im Jahr 2007 drei Worte zum schönsten Anfangssatz eines deutschsprachigen Romans. Die Gewinner-Formulierung aus Günter Grass' *Der Butt* lautet: »Ilsebill salzte nach.«[8] Die Begründung für die Entscheidung der Jury: Der Einstieg weckt Interesse und macht den Leser auf alles Weitere neugierig.

Doch wie gelingt das diesem knappen Satz? Ganz einfach: Er nennt zwar eine Figur und was sie tut, lässt aber gleichzeitig Fragen aufkommen, denen der Leser nachgehen möchte: Wer ist Ilsebill? Was hat sie außer ihrem Namen mit der Figur aus dem Märchen *Vom Fischer und seiner Frau* gemeinsam? (Den Bezug auf andere Geschichten in der Literatur nennt man übrigens »Intertextualität«.) Für wen kocht sie? Und was kocht sie eigentlich?

---

8 *Grass, Günter: Der Butt. Frankfurt am Main: Fischer Taschenbuch Verlag 1979, S. 7.*

Das Patentrezept für einen guten Einstiegssatz ist demnach nicht, den Leser gleich über alles aufzuklären. Sondern vielmehr: ein gesundes Verhältnis zu finden, zwischen dem, was man preisgibt, und was nicht. Lässt du den Leser zu Beginn nämlich schon zu viel wissen, dann besteht die Gefahr, dass er sich schnell langweilt. Lässt du ihn hingegen zu wenig wissen, dann wird ihn das verwirren und er wird nach den ersten Zeilen deiner Geschichte kaum Lust verspüren weiterzulesen. Deswegen musst du dich bemühen, einen Mittelweg zu finden – einen Satz, der den Wissensdurst des Lesers löscht und zugleich entfacht. An einem Beispiel lässt es sich leichter erklären, wie du einen solchen Satz gestalten kannst: »Der Wind zerrte an ihren Locken und dem weißen Kleid, dessen Saum vom Blut rot gefärbt war.« Der Anfang ist zugegebenermaßen erschreckend und auch ein bisschen eklig, er zieht aber die Aufmerksamkeit des Lesers auf sich. Warum? Er wirft reihenweise Fragen auf. Einige sind:

- Was ist passiert?
- Wer ist sie?
- Wessen Blut hat sie auf dem Kleid? Ihr eigenes?
- Geht es ihr gut oder ist sie verletzt?
- Braucht sie Hilfe?
- War es ein Unfall? Notwehr? Ein Verbrechen?
- Was tut sie draußen?

Gleichermaßen gibt der erste Satz aber auch ein paar Antworten. Dank ihm ahnt der Leser:

- Es ist etwas Schlimmes geschehen, in das die Protagonistin verwickelt war.
- Die Protagonistin ist vermutlich ein Opfer, denn sie wirkt in ihrem Kleid und mit ihren Locken unschuldig.
- Es handelt sich höchstwahrscheinlich nicht um eine Liebesgeschichte.

Die ersten Worte – die besten Worte

Einen guten ersten Satz zu erkennen, dürfte dir keine Probleme bereiten – immerhin weißt du ja, was dich dazu verleiten würde, eine Geschichte weiterzulesen. Bewerte also die fünf Beispiele und mach dir auf einem Zettel zu jedem eine kleine Notiz, was dir gefallen beziehungsweise nicht gefallen hat. Das wird dir später dabei helfen einzuschätzen, wie gut der Einführungssatz deiner Geschichte ist.

1. Ein Gemisch, das nach verdorbenem Fleisch und ihrem Vanilleparfum roch, kroch in meine Nase und als ich mich umsah, erkannte ich, wo ich war.

   gut, weil …
   okay, weil …
   schlecht, weil …

2. Karl Leonard Oberhausen ist tot.
3. Auf dem Weg in die Küche stolperte ich über den ausgebeulten Lederkoffer mit ihrem Kram, den sie bereits vor drei Wochen hatte abholen wollen.
4. Hallo, ich heiße Eva, bin 14 Jahre alt, habe braunes Haar und grüne Augen.
5. Als Arne aus der Schule nach Hause kam, stand seine Mutter mit Tränen in den Augen in der Tür.

Vorausgesetzt der Leser mag düstere Geschichten, wird er sich von diesem ersten Satz bestimmt angezogen fühlen. Er kann erahnen, dass die Geschichte aufregend wird. Auch weil der erste Satz ein wenig mehr offen lässt, als er erklärt.

Und? Hast du durch die kleine Aufgabe erkannt, was der Trick für einen guten Anfangssatz ist? Wenn nicht, hier die Lösung: Wirf den Leser ohne Vorwarnung in das Geschehen hinein. Verzichte auf eine Einleitung, die auch nach einer solchen klingt, und lass deine Geschichte stattdessen mit einem Knall oder in einer interessanten Situation beginnen. Um es mit erfahrenen Autoren zu sagen: Schmeiß das erste Kapitel weg und fang dann beim zweiten mit deiner Geschichte an. Grit Poppe scheint es so gemacht zu haben. Ihr Roman *Weggesperrt* setzt bei einer Verfolgungsjagd ein: Der Leser weiß nicht, wer hinter der Hauptfigur Anja her ist, was er von ihr will und ob sie sich in ernsthafter Gefahr befindet. Aber er wüsste die Antworten allzu gern. Der Satz aus Grit Poppes Roman, der es vermag, den Leser so in seinen Bann zu ziehen, lautet:

>»Anja wandte den Kopf ganz leicht nach hinten und erhaschte aus den Augenwinkeln einen Blick auf einen ihrer Verfolger.«[9]

Neben dem Kunstgriff, in eine bereits laufende Handlung einzusteigen, gibt es noch einen zweiten, der beim Ausklügeln des Anfangs ebenfalls hilfreich sein kann. Beschreibe in deinem ersten Satz einfach ein Erlebnis, das für deine Figuren ungewöhnlich ist, und nimm das Wörtchen »als« zur Hilfe. Was ist anders als sonst? Was verwundert die Figuren? Was ist nicht wie gewohnt eingetreten? Nenne im ersten Satzteil etwas, das noch vergleichsweise normal erscheint – »Als ich an diesem Morgen den Klassenraum betrat« – und gehe dann im zweiten auf das seltsame oder besondere Ereignis ein – »war niemand dort.« Selbst berühmte Schriftsteller nutzen diesen Kniff.

---

9 *Poppe, Grit: Weggesperrt. Hamburg: Cecilie Dressler Verlag 2009, S. 7.*

Ein Beispiel gefällig? Franz Kafka hat mit dieser Technik den wohl am häufigsten zitierten Eröffnungssatz der Literaturgeschichte hingelegt. Er stammt aus seiner Erzählung *Die Verwandlung*:

> »Als Gregor Samsa eines Morgens aus unruhigen Träumen erwachte, fand er sich in seinem Bett zu einem ungeheuren Ungeziefer verwandelt.«[10]

Selbstverständlich ist »als« nicht das einzige Wort, das du benutzen kannst. Die folgenden eignen sich ebenso gut, um an erster Stelle in deiner Geschichte zu stehen:

- Während …
- Nachdem …
- Kaum, dass …
- Kurz nach …
- Bevor …

Natürlich nutzen nicht alle Autoren diese Tricks. Um einen kleinen Einblick in die Vielfalt der Einstiege zu erhalten, solltest du deshalb einmal in die Bibliothek oder eine Buchhandlung gehen und dir dort wahllos Bücher aus dem Regal ziehen, um ihren ersten Satz zu lesen. Erst dann wirst du einen Eindruck erhalten, was alles möglich ist: Der eine Autor stellt zu Beginn eine ungeheuerliche Behauptung auf, um zu provozieren. Der nächste lässt seine Figuren über ein Geheimnis reden und zielt damit auf die Neugier des Lesers ab. Und ein weiterer gibt eine Kuriosität zum Besten, um zu beeindrucken. Wie Karl May zum Beispiel: »Immer fällt mir, wenn ich an den Indianer denke, der Türke ein; dies hat, so sonderbar es erscheinen mag, doch seine Berechtigung.«[11] Bei deiner kleinen Erster-Satz-Pirsch werden dir die unterschiedlichsten Anfänge begegnen, die bei dir auch unterschiedliche Reaktionen hervorrufen werden: Das eine Buch wirst

---

10 *Kafka, Franz: Die Verwandlung. Mannheim: Artemis & Winkler Verlag 2006, S. 7.*

11 *May, Karl: Winnetou I. Bamberg: Karl-May-Verlag 1992, S. 5.*

du gar nicht mehr aus der Hand legen wollen. Bei anderen wirst du hingegen froh sein, dass dich niemand dazu zwingt, bis zum Ende durchzuhalten.

Doch was kann den Leser eigentlich vergraulen? Zum Beispiel ein ausführlicher Wetterbericht. Sätze wie »Dicke Regenwolken färbten die ohnehin düstere Novembernacht schwarz« haben nämlich zwei Mankos. Erstens: Nahezu jeder hat sie schon einmal irgendwo gelesen. Und zweitens: Sie bereiten den Leser nicht auf das vor, was kommt. In einer Geschichte, die in einem heftigen Regenschauer beginnt, könnte es um einen Regenwurm gehen, aber genauso um eine gescheiterte Beziehung oder gar um Mord. Der Leser kann nicht einmal mutmaßen, was auf ihn zukommt, und stellt sich deshalb auch keine Fragen, außer vielleicht »Was soll mir das jetzt sagen?«. Wetterbeschreibungen gehören deswegen nicht an den Anfang einer Geschichte. Auch wenn sie, wie bereits im Kapitel *Das Raum-Zeit-Kontinuum* erwähnt, dazu dienen können, Stimmung zu erzeugen.

Aller Wichtigkeit des ersten Satzes zum Trotz: Tage- oder wochenlang über ihn zu grübeln, wird dich blockieren. Wenn dir der zweite leichter fällt, beginn deine Geschichte zunächst mit ihm. Trau dich ans Erzählen, auch wenn der Einstieg noch nicht steht oder noch nicht druckreif ist. Du kannst später noch einmal auf ihn zurückkommen und ihn umstellen oder auch erst dann hinzufügen. Und wenn es mit deinem Anfang gar nicht klappen will, dann kann dich folgender Fakt hoffentlich ein wenig trösten: Auch Bücher, deren erster Satz nicht gerade mitreißend ist, haben es in die Weltliteratur geschafft. *Krieg und Frieden* von Leo Tolstoi zum Beispiel. Oder findest du diese Formulierung gelungen?: »'Eh bien, mon prince, Genua und Lucca sind weiter nichts mehr als Apanagegüter der Familie Bonaparte.«[12] Du verstehst kein Wort? Damit bist du nicht allein. Und trotzdem hat das Buch viele Menschen begeistert. Der Autor konnte nämlich mit allem überzeugen, was nach dieser verqueren ersten Zeile kam.

---

12   Tolstoi, Leo: *Krieg und Frieden*. Düsseldorf/ Zürich: Artemis & Winkler Verlag 2000, S. 5.

Mein oder dein Satz, das ist hier die Frage

Recherchiere ein bisschen, um die berühmten ersten Sätze mit dem richtigen Autor oder der richtigen Autorin zusammenzubringen. Ordne jedem Satz den dazugehörigen Schriftsteller zu und überlege dir, warum diese Anfangssätze so viele Menschen dazu gebracht haben, die Geschichten zu lesen. Die Lösung findest Du im Anhang.

1. Alle glücklichen Familien ähneln einander; jede unglückliche aber ist auf ihre Art unglücklich.

2. Mr. und Mrs. Dursley im Ligusterweg Nummer 4 waren stolz darauf, ganz und gar normal zu sein, sehr stolz sogar.

3. Weit draussen in den unerforschten Einöden eines total aus der Mode gekommenen Ausläufers des westlichen Spiralarms der Galaxis leuchtet unbeachtet eine kleine gelbe Sonne.

4. Falls Sie wirklich meine Geschichte hören wollen, so möchten Sie wahrscheinlich vor allem wissen, wo ich geboren wurde und wie ich meine verflixte Kindheit verbrachte und was meine Eltern taten, bevor sie mit mir beschäftigt waren, und was es sonst noch an David-Copperfield-Zeug zu erzählen gäbe, aber ich habe keine Lust, das alles zu erzählen.

5. Die Nacht in dem engen Bretterverschlag war saukalt.

6. Ich war den ganzen Tag lang geritten, einen grauen und lautlosen melancholischen Herbsttag lang durch eine eigentümlich öde und traurige Gegend, auf die erdrückend schwer die Wolken herabhingen.

Die Autoren sind:
a) Joanne K. Rowling: Harry Potter und der Stein der Weisen
b) Douglas Adams: Per Anhalter durch die Galaxis
c) Leo Tolstoi: Anna Karenina
d) Mikael Niemi: Populärmusik aus Vittula
e) J.D. Salinger: Der Fänger im Roggen
f) Edgar Allan Poe: Der Untergang des Hauses Usher

Das Versprechen halten – Die erste Seite

Ein gelungener erster Satz ist ein Versprechen an den Leser: Diese Geschichte wird dich unterhalten. Das muss der Autor nun einhalten. War der Einstieg noch der Grund für den Leser, die nachfolgenden fünf oder sechs Zeilen ebenfalls zu überfliegen, so muss die erste Seite der Beweis dafür sein, dass es sich es lohnt, den Helden bei seinen Erlebnissen zu begleiten.

Beim Schreiben dieser kniffligen Passagen hilft es, sich vor Augen zu halten, was der Leser vom Anfang einer Geschichte erwartet:

- Er will wissen, mit wem er es zu tun hat.
- Er will wissen, was besonders an den Erfahrungen deiner Hauptfigur ist.
- Er will wissen, worum es geht.
- Er will, dass es spannend bleibt.

Um diese Erwartungen zu erfüllen, musst du auf deiner ersten Seite zwei Dinge tun: Du musst weiterhin Fragen aufwerfen. Und du musst Antworten geben. Denn der erste Abschnitt deiner Geschichte ist vor allem dazu da, den Leser in das Geschehen einzuführen. Deswegen kommen nun auch die W-Fragen ins Spiel, die du sicher schon aus der Schule kennst. In den Absätzen zu Beginn deiner Geschichte solltest du einige von ihnen beantworten, um dem Leser die Chance zu geben, sich in der Umgebung deiner Hauptfigur zurechtzufinden, Sympathie für sie zu entwickeln und zu erkennen, warum ihre Geschichte erzählt werden muss.

Die W-Fragen, die du dir während der Arbeit an der ersten Seite stellen kannst, sind:

- Wer ist deine Hauptfigur?
- Was passiert?
- Warum passiert es?
- Wie passiert es?
- Wo findet das Geschehen statt?
- Wann spielt die Geschichte?

Aber: Wie du dir bestimmt denken kannst, gelten die Gesetze der Spannung auch auf der ersten Seite. Du solltest also nicht *alle* sechs W-Fragen auf einmal beantworten. Im Gegenteil, es ist sehr viel besser, wenn du einige Geheimnisse zunächst noch für dich behältst. Angenommen, dein Protagonist wacht eines Morgens im Flur eines fremden Hauses auf und kann sich nicht erklären, wie er dort hingekommen ist und warum auf seinen Handflächen lauter Namen und Zahlen stehen. Dann wäre das für den Anfang doch schon eine ziemlich aufregende Situation, oder? Damit sie es auch bleibt, darfst du den Leser nicht gleich über ihre Hintergründe aufklären. Du solltest die Antwort auf »Warum geschieht ihm das?« lieber noch ein bisschen aufschieben. Das kitzelt nämlich an den Nerven des Lesers. Er will wissen: Was soll das? Warum weiß er nicht, wo er ist? Was steckt hinter dem Gekritzel auf seinen Händen? Und wer hat das zu verantworten?

Wie bereits im Abschnitt über den ersten Satz erwähnt, bietet es sich an, eine Geschichte dort zu beginnen, wo sich Grundlegendes für den Hauptcharakter ändert oder wo ihm Seltsames geschieht. Du könntest zum Beispiel ein Ereignis auswählen, das das sprichwörtliche Fass zum Überlaufen bringt und deinen Protagonisten dazu, endlich etwas zu unternehmen. Oder du könntest an einem Punkt in seinem Leben beginnen, an dem er gerade etwas Grauenhaftes erlebt hat. So oder so sollten auf der ersten Seite deiner Geschichte der Konflikt und das Ziel deiner Hauptfigur bereits angedeutet werden. Max Frisch hat das in *Stiller* so gemacht. Er beginnt den Roman mit den Worten »Ich bin nicht Stiller«[13] und weist damit auf das große Problem der Hauptfigur hin: Sie will nicht sein, wer sie ist. Stattdessen gibt sie sich für jemand anderen aus.

Keinesfalls solltest du das Geschehen und die Konflikte, die in deiner Geschichte eine Rolle spielen, lange vor dir herschieben. Denn die erste Seite an unwichtige Details wie die Haarfarbe und die Schuhgröße deines Protagonisten zu verschwenden,

---

13 Frisch, Max: *Stiller. Frankfurt am Main: Suhrkamp Taschenbuch 1954, S. 9.*

wird dazu führen, dass der Leser nicht über Seite zwei hinauskommt. Auch geschichtliche Abrisse oder Einzelheiten über den gewöhnlichen Tagesablauf deines Helden sind für den Anfang ungeeignet. Behalte am besten im Hinterkopf: Du schreibst keine wissenschaftliche Arbeit, keinen Artikel für die Tageszeitung und auch keine Bewerbung. Deswegen brauchst du keine behutsamen oder verallgemeinernden Einführungen in dein Thema oder gar eine Vorstellung wie: »Hallo, ich bin Thomas.« Du kannst gleich loslegen – das ist für den Leser ohnehin viel mitreißender.

Wie man in eine Geschichte einsteigen kann, zeigt Christoph Marzi in *Heaven – Stadt der Feen*:

> »Er war nicht zum ersten Mal des Nachts unterwegs und auch die Dächer in dieser Gegend waren ihm bekannt. Ziemlich oft nahm er den Weg über die Ziegel und Zinnen, an manchen Tagen (oder in manchen Nächten) ging es einfach schneller.
>
> David Pettyfer hatte sich den langen Schal eng um den Hals geschlungen, den Kragen der alten fleckigen Lederjacke hochgeschlagen und die Hängetasche mit den Flicken geschultert, ein letztes Mal geprüft, ob die kostbare Fracht auch sicher verstaut war, und dann war er in die Nacht hinausgegangen.« 14

Die ersten zwei Absätze aus Christoph Marzis Roman sind gelungen, weil sie sowohl etwas über die Hauptfigur preisgeben, als auch verschweigen und darauf hindeuten, dass etwas anders ist als an anderen Tagen. Der Leser lernt: David Pettyfer spaziert über Dächer, trägt abgewetzte Kleidung und hat es manchmal eilig. Und in dieser Nacht trägt er außerdem etwas Wertvolles bei sich (Was das sein mag?) und ist damit irgendwohin unterwegs (Wohin wohl?).

---

14 *Marzi, Christoph: Heaven – Stadt der Feen. Würzburg: Arena Verlag 2009, S. 12.*

Aus eins mach zehn

Nun ist deine ganze Kreativität gefragt. Schreib nach dem folgenden ersten Satz weiter, sodass eine fesselnde erste Seite aus ihm entsteht. Zehn Sätze sollten dafür genügen.

Als Svenja ihren kleinen Bruder endlich fand, hatte das Feuer bereits Löcher in die letzten Seiten ihres Tagebuchs gebrannt.

Wenn du deine erste Seite geschrieben hast, solltest du noch einmal kontrollieren, ob sie tatsächlich all das leistet, was sie leisten sollte. Dafür kannst du einfach die folgenden Fragen verwenden:

- Gibt es etwas, das den Leser neugierig macht?
- Kann er sich in die auftretenden Figuren hineinfühlen?
- Werden Konflikte oder Ziele angedeutet, die im Verlauf der Geschichte wichtig sind?
- Kommt eine Stimmung auf, in die sich der Leser hineinversetzen kann, zum Beispiel durch Beschreibungen des Ortes und der Zeit?

Am besten überprüfst du deine erste Seite auch noch einmal sprachlich. Denn ein erster Knallersatz ist zwar gut und schön, aber alle weiteren sollten genauso gekonnt sein und zusammenpassen. Es kann dem Leser nämlich unangenehm aufstoßen, wenn deine Geschichte Stilunsicherheiten aufweist. Durchsuche deine Anfangspassagen deswegen am besten gezielt nach sprachlichen Mängeln, zum Beispiel auf Sprünge in den Zeitformen und auf Worte, die aus zwei unterschiedlichen Sprachebenen stammen (der gehobenen Sprache und der Alltagssprache zum Beispiel). Immerhin sollen dir solch kleine Makel doch nicht deine allererste Seite verderben, oder?

Was du noch sagen wolltest – Das Ende

Bestimmt fragst du dich schon seit Beginn dieses Kapitels, warum es hier um den Anfang *und* das Ende von Geschichten geht – das gehört doch gar nicht zusammen! Doch, das tut es: Denn beim Schreiben der ersten Sätze sollte der Autor – zumindest schon halbwegs – wissen, wie der Schluss aussieht. Er muss zwar nicht die genauen Formulierungen im Kopf haben, ihm sollte aber klar sein, wohin der Weg seine Figuren führen wird. In eine Katastrophe? Ins Glück? Oder wohin? Dass sich Schriftsteller bereits zu Beginn solche Gedanken machen, hat einen Grund: Wer vor dem Loslegen noch nicht einmal grob weiß, was geschehen wird, neigt eher dazu, bei einem Ereignis im Leben der Hauptfigur zu beginnen, das sich im Endeffekt als unwichtig erweist. Außerdem ist dann auch die Gefahr größer, beim Schreiben abzuschweifen und sich in Belanglosigkeiten zu verlieren.

Wer nicht fragt, bleibt dumm ...

Was soll ich machen, wenn ich gar nicht bis zum Ende meiner Geschichte komme?

Mit diesem Problem bist du in bester Gesellschaft. Die wenigsten Autoren bringen all ihre Texte zu Ende. Am besten hebst du deine begonnenen Geschichten auf. Dann kannst du Teile von ihnen – Figuren, Formulierungen oder Ideen – später wiederverwerten und vielleicht wird aus den vielen angefangenen Texten irgendwann ein vollständiger.

Die drei Fachbegriffe für die verschiedenen Arten von Enden, zwischen denen ein Autor wählen kann, hast du gewiss schon einmal gehört:

⊙ Das Happy End
Beim Happy End tritt ein, was sich die Hauptfigur erhofft hat: Sie kommt mit ihrer großen Liebe zusammen, sie setzt sich erfolgreich gegen ihren Widersacher durch oder bewältigt endlich das Problem, das ihr bisher unlösbar erschien. Der Leser erlebt, wie die Figuren ihre Ziele erreichen, und freut sich mit ihnen. Happy Ends werden von Autoren geschrieben, um Hoffnung zu säen oder um zu zeigen, dass sich der Kampf gegen Widrigkeiten bezahlt macht. Viele Liebes- und Abenteuergeschichten gehen gut aus.

⊙ Das tragische Ende
Im Gegensatz zum Happy End kommt es nicht zur Erfüllung der Wünsche der Figuren und auch nicht zu ihrer Erlösung. Stattdessen kommt es zur Katastrophe. Der Protagonist muss kapi-

tulieren, wird gebrochen oder stirbt. Autoren nutzen unglückliche Enden, um zu zeigen, dass Fehlentscheidungen verheerende Konsequenzen haben können. Sie wollen, dass der Leser grübelnd aus der Geschichte geht. Denk nur mal an das unglückliche Ende von *Romeo und Julia*.

● Das offene Ende

Nicht alle Geschichten enden auf extreme Art und Weise, wie zum Beispiel in der Beziehung mit dem Traummann oder mit dem Tod des besten Freundes. Hin und wieder wählen Autoren auch ein offenes Ende. Das heißt: Ein Lebensabschnitt des Protagonisten ist mit der letzten Zeile zwar beendet, seine Konflikte sind aber nicht bewältigt. Ein offener Schluss bietet sich an, wenn es keine eindeutige Lösung für ein Problem gibt oder wenn der Autor zeigen möchte, dass eine Situation ausweglos ist. Eine Sonderform ist der Cliffhänger, der in Fortsetzungsgeschichten eingesetzt wird: Ein neues Problem deutet sich an, wird aber vom Autor nur so weit ausgeführt, dass der Leser unbedingt wissen will, wie es weitergeht – und deshalb den zweiten Teil ebenfalls liest.

Für welche Form des Endes du dich auch entscheidest, sie sollte zu deiner Geschichte passen. Das bedeutet: Der Schluss darf nicht zu unerwartet und zu seltsam für den Leser sein. Hast du die gesamte Zeit auf ein Happy End hingearbeitet und spricht in deiner Geschichte alles dafür, dann solltest du den Leser nicht damit verstören, dass du das Schicksal der Figuren offenlässt. Er wird enttäuscht sein und es dir übel nehmen, dass du dich einfach aus der Verantwortung stiehlst.

Aber wenn du dir, wie im Kapitel *Die Musen warten nur darauf, dich endlich küssen zu dürfen* angesprochen, eine Kernaussage für deine Geschichte überlegt hast, dann hast du ja sowieso schon festgelegt, wie sie ausgeht. Denn die Kernaussage bestimmt ja im Wesentlichen mit, was in deiner Geschichte passiert. Können die Figuren ihren Streit beilegen? Wird es ihnen gelingen, ihr Problem aus dem Weg zu räumen? Oder wird alles schiefgehen,

weil sie einen fatalen Fehler begehen? Je nachdem, was du mit deiner Geschichte aussagen möchtest, wird ihr Schluss ausfallen. Die Botschaft, die du übermitteln möchtest, nimmt das Ende vorweg. Am besten fragst du dich, bevor du den letzten Punkt setzt, noch einmal:

- Hat die Hauptfigur eine Entwicklung durchlaufen?
- Ist alles gesagt, das gesagt werden musste?
- Sind die Schicksale der wichtigsten Figuren geklärt?
- Läuft die Geschichte aus, sodass der Leser einen kleinen Ausblick auf das weitere Leben der Figuren erhält?

Noch ein Hinweis zum allerletzten Satz: Bitte entlass den Leser nicht mit einem schlichten »Und wenn sie nicht gestorben sind, dann leben sie noch heute« aus deiner Geschichte. Diese Formulierung gehört in Grimms Märchen. Dort ist sie ein Klassiker, aber in deiner Geschichte würde sie nur den Eindruck erwecken, dass du keine Lust mehr hattest, dir einen angemessenen Schlusssatz zu überlegen. Cornelia Funke hat sich zum Beispiel getraut, *Tintentod* mit »Und alles war gut«[15] zu beenden – das hat den meisten Fans gar nicht gefallen. In verschiedenen Internetforen beschweren sie sich darüber, wie einfallslos und kitschig ihr Ende doch sei und dass es der Trilogie nicht gerecht werde.

Geschickt hat es da Jules Verne in *Zwanzigtausend Meilen unter dem Meer* gemacht. Sein Protagonist Pierre Aronnax zieht in den letzten Sätzen ein Fazit:

> »Vor 6000 Jahren hieß es, wie geschrieben steht: ›Wer hat je die Tiefen des Abgrundes zu erforschen vermocht?‹ Zwei Männer sind die einzigen in der Menschenwelt, welche jetzt die Antwort auf diese Frage geben können. Der Kapitän Nemo – und ich.«[16]

---

15 Funke, Cornelia: Tintentod. Hamburg: Cecilie Dressler Verlag, 2007 S. 718.

16 Verne, Julius: Zwanzigtausend Meilen unter'm Meer. Wien, Pest, Leipzig: A. Hartleben's Verlag 1874, S. 489.

Eine letzte Szene bitte

Eine weitere kleine Kreativaufgabe:
Die Geschichte einer 17-jährigen Ballerina soll
mit einem Vortanzen enden. Obwohl du nichts
über den Anfang und den Hauptteil weißt, sollst
du sie zu Ende spinnen. Wie könnten ein Happy
End, ein tragisches Ende und ein offenes Ende
aussehen? Schreibe einige Stichpunkte auf.

5 x Ganz unbedingt …

+ sich in der Bibliothek oder Buchhandlung reihenweise erste Sätze durchlesen. Das gibt einen guten Überblick, was als Einstieg funktioniert und was nicht.

+ wenn der erste Satz zu schwer fällt, einfach mit dem zweiten beginnen. Der fließt meist leichter auf das Papier und man kann den Anfang ja immer noch einmal überarbeiten.

+ Konflikte und Ziele der Figuren schon auf der ersten Seite andeuten. Das entfacht die Neugier.

+ die Geschichte mit einer Situation beginnen, die auch für den Protagonisten neu ist oder in der sich etwas grundlegend für ihn ändert.

+ dich während des Schreibens der letzten Szene noch einmal an deine Kernaussage erinnern. Sie bestimmt, wie deine Geschichte ausgeht.

5 x Bitte nicht …

– im ersten Satz Unmengen Informationen über die Hauptfigur und ihr Leben unterbringen. Das kommt später.

– eine Geschichte mit Wetterbeschreibungen beginnen. Sie geben weder Antworten, noch werfen sie Fragen auf.

– die erste Seite mit Informationen über das Aussehen oder die Vergangenheit der Figuren füllen. Es ist besser, später darauf zu kommen oder – sofern sie unwichtig sind – sie komplett wegzulassen.

– den Leser mit einem offenen Ende verstören, wenn er ein Happy End erwartet.

– »Und wenn sie nicht gestorben sind …« ans Ende der Geschichte schreiben. Dieser Satz ist den Gebrüdern Grimm vorbehalten.

RAUM FÜR DEINE IDEEN

Rezept für eine
schaurige Vampirlegende

Die Zutaten:

- mindestens ein fieser Blutsauger, der sein Unwesen treibt und es auf das Wohlergehen von Mensch und Tier abgesehen hat
- eine liebenswerte Hauptfigur, die
  ... drauf und dran ist, in die Arme des Vampirs zu laufen
  ... ihm den Kampf angesagt hat
- eine düstere Atmosphäre: dunkle Räume, schlechtes Wetter, Schatten, Nacht und Nebel, plötzliche Geräusche wie Schreie, Schritte oder Türknarren

Die Zubereitung:

Zunächst die sympathische Hauptfigur einführen und sie dorthin reisen lassen, wo sie einem Vampir begegnen kann. Durch Hinzufügen von Dunkelheit, schlechtem Wetter und Co. eine bedrückende und furchteinflößende Atmosphäre schaffen. Den Vampir derweil sein Unwesen treiben lassen und den Protagonisten darüber informieren. Einige mysteriöse Mordfälle können nicht schaden. Den Hauptcharakter durch seine Neugier oder seine Naivität näher an den Vampir herankommen lassen. Schritt für Schritt Angst und Spannung steigern. Und schließlich die Hauptfigur und den Vampir miteinander konfrontieren. Alles mit einem Showdown würzen, bei dem der Vampir stirbt oder die Hauptfigur zum Opfer wird – je nach Belieben. Und damit das Schaudern beim Leser anhält: einen kleinen Blick in die Zukunft geben. Die Ära der Vampire ist noch nicht beendet ...

Gelungene Ergebnisse:

- *Dracula,* der erste aller Vampirromane wurde von Bram Stoker geschrieben und 1897 veröffentlicht. In Form von Tagebucheinträgen und Briefen erzählt er die Geschichte von Jonathan Harker, der während einer Reise nach Transsilvanien auf den Vampir Graf Dracula trifft und fortan um sein Leben fürchtet. Bram Stoker prägte alle folgenden Geschichten über böse Blutsauger. Noch heute gelten Draculas spitze Eckzähne, seine Scheu vor Knoblauch und Sonnenlicht und seine seltsame Angewohnheit, in einer Kiste zu übernachten, als sichere Anzeichen dafür, dass man es mit einem Vampir zu tun hat.

- Auch Anne Rices *Gespräch mit einem Vampir* beeinflusste das Genre. Der erste Teil ihrer *Chronik der Vampire* erschien 1976. Bereits 1968 hatte sie eine Kurzgeschichte verfasst, die später als Grundlage für den ersten Roman der zehnteiligen Reihe dienen sollte: In *Gespräch mit einem Vampir* befragt ein junger Reporter einen Vampir über seine Verwandlung und sein beinahe 200-jähriges Dasein als Untoter.

Abwandlungen des Rezepts:

Vampire können auch andere Rollen als die des bösen Buben einnehmen: In der Literatur sind sie bereits als Freunde, Liebende oder Helden aufgetaucht. In *Der kleine Vampir* von Angela Sommer-Bodenburg dreht sich zum Beispiel alles um das Blutsaugerkind Rüdiger und dessen Freundschaft mit dem Menschen Anton. In Wolfgang Hohlbeins *Chronik der Unsterblichen* kämpft der Vampir Andrej aufopferungsvoll für seine Heimat Transsilvanien und um das Leben seines Schützlings. Und auch in Stephenie Meyers *Bis(s)*-Reihe sind nicht alle Vampire eiskalte Mörder. Edward zeigt menschliche Gefühle und ernährt sich ausschließlich von Tierblut.

Und noch drei schmackhafte Details:

- Der Vampirmythos stammt aus Südosteuropa. Dort gab es schon immer Geschichten über Untote, die aus ihren Gräbern verschwinden und den Lebenden das Blut aussaugen.
- Dracula hat ein historisches Vorbild: den Fürsten Vlad III. Draculea aus Rumänien, der im 15. Jahrhundert lebte und seine Feinde mit besonderer Grausamkeit gefoltert und getötet haben soll.
- Es gibt nur ein Säugetier, das sich von Blut ernährt: die Vampirfledermaus. Sie lebt in Amerika und trinkt sich am liebsten an Rindern satt.

Kapitel 8

Im Kampf mit Satzmonstern und inneren Schweinehunden

Wie du deine Geschichte sprachlich gestalten kannst

Die persönliche Note des Autors – Der Schreibstil

Jeder Mensch hat seinen eigenen Stil, so wie seine eigene Nase«, hat der große Dichter Gotthold Ephraim Lessing einmal gesagt. Selbst Leute, die nicht gern Geschichten verfassen, besitzen ihre ganz eigene Ausdrucksweise. Sie schreiben vielleicht nicht besonders anschaulich und auch nicht bildhaft, aber sicher auf eine Art, die typisch für sie ist. Vielleicht in knappen, einfachen Sätzen oder mit langen, komplizierten Wortverbindungen. Und zum Glück hat jeder Mensch diese persönliche Note – egal, ob er es bisher mitbekommen hat oder nicht. Denn sonst wären sich viele Geschichten sehr ähnlich. Denk doch nur mal daran, wie oft du schon von Liebespaaren à la Romeo und Julia gelesen hast und wie langweilig diese Geschichten gewesen wären, wenn sie allesamt in denselben Worten erzählt worden wären. Anders gesagt: Es ist gut, dass jeder Autor seinen eigenen Stil besitzt, denn selbst bekannte Handlungsverläufe können durch eine ausgefeilte Sprache wieder spannend werden.

Dass du mit deinem eigenen Stil geboren wurdest, bedeutet aber nicht, dass du nicht an ihm arbeiten kannst oder solltest. Im Gegenteil: Je häufiger du dich mit deiner Ausdrucksweise beschäftigst und je öfter du schreibst, desto mehr wird sich dein Sprachgefühl entwickeln. Du wirst Wendungen finden, die dir so gut gefallen, dass du sie in einer Geschichte verwendest und dann in der nächsten gleich noch einmal. Du wirst neue Worte dazulernen und Tricks von Autoren übernehmen, deren Bücher du gerade liest. Du wirst mit jeder Geschichte Erfahrungen sammeln und irgendwann wissen, wie ein Text sprachlich gestaltet sein muss, damit der Leser Spaß an ihm hat. Dein Stil wird sich mit der Zeit immer weiter verfeinern.

Und dazu soll auch dieses Kapitel beitragen. Denn obwohl dein Schreibstil viel mit deinen Vorlieben, deinem Wortschatz, ja, deiner ganzen Persönlichkeit zu tun hat, gibt es einige Grundsätze, die du beim Ausformulieren deiner Geschichte beachten solltest. Eine Sprache, die den Leser mitreißt und beeindruckt, an der er sich erfreut und die er versteht, ist nämlich keine Sache des Zufalls.

Doch lass dir vorweg auch gesagt sein: Natürlich gibt es keine Regeln ohne Ausnahme. Wenn du findest, dass es angebracht ist, einige der Richtlinien nicht zu befolgen, dann ist das in Ordnung. Das Wichtigste für einen guten Stil ist nämlich, dass du dich traust, etwas zu riskieren und den Leser mit Wagnissen zu überraschen. Geschichten mit neuen Wortkonstruktionen, ausgefallenen Metaphern und einer frischen Sprache hinterlassen für gewöhnlich den größten Eindruck.

Die richtigen Worte finden – Das Vokabular

Talentierte Autoren besitzen einen riesigen Sprachschatz, in dem sich kleine Ausdrucksschmuckstücke, einige wenige funkelnde Formulierungsdiamanten und viele unterschiedliche Wortperlen befinden. Im Klartext: Die besten Schriftsteller haben nicht nur außergewöhnliche Ideen, wie sie etwas erzählen können, sie haben auch ein großes Vokabular, das sie für ihre Texte unaufhörlich ausschöpfen. Sie vermeiden es, dieselben Worte zu wiederholen. Ständig suchen sie nach neuen und aussagekräftigen Begriffen, die sie statt der bereits verwendeten nutzen können. Auf diese Weise verhindern sie, dass ihre Geschichte eintönig wird und der Leser wegen immer gleicher Sätze die Lust an der Lektüre verliert. Auch du solltest möglichst abwechslungsreich erzählen und beim Schreiben tiefer in den Schubladen deines Wortschatzes wühlen, als du es im Alltag normalerweise tust. Tatsächlich ist es so, dass es im Deutschen für nahezu jeden Begriff noch einen zweiten oder dritten mit gleicher oder ähnlicher Bedeutung gibt. Sehr oft vergisst man das allerdings, weil man im Gespräch mit Freunden und der Familie meist nicht mehr als einen braucht. In Geschichten ist sprachliche Vielfalt jedoch ein absolutes Muss. Das Wort »Autor« lässt sich zum Beispiel prima durch »Dichter«, »Urheber«, »Schriftsteller«, »Verfasser«, »Schreiber« oder »Literat« ersetzen.

Wenn du trotz ausgiebiger Suche in deinem Wortschatz einmal nicht auf einen passenden Begriff stoßen solltest, können

Fehlen dir die Worte?

Die Illustration zeigt dir ein Wesen, das du
wahrscheinlich noch nie gesehen hast. Versuche, ein paar treffende und möglichst
außergewöhnliche Worte zu finden, um es zu
beschreiben.

der Thesaurus in deinem Schreibprogramm oder Webseiten wie *woxikon.de*, *wie-sagt-man-noch.de* oder *openthesaurus.de* von Nutzen sein. Es gibt sogar richtige Nachschlagewerke, in denen sich nur Wörter finden, die dasselbe bezeichnen: Sie heißen Synonymwörterbücher. In ihnen findest du für beinahe jedes Wort eine Alternative. Doch gib bei der Suche nach einem geeigneten Ersatz acht: Manchmal verleitet so ein Wörterbuch dazu, hochgestochene, veraltete oder eher seltene Ausdrücke zu verwenden. Statt »Liebe« schreibt man dann plötzlich »Passion« oder statt »zärtlich« »sorglich« und bringt den Leser dazu, verwundert eine Augenbraue zu heben.

Außerdem haben nicht alle Vorschläge, die unter einem Eintrag im Synonymwörterbuch gemacht werden, auch hundertprozentig dieselbe Bedeutung. Viele haben nur einen ähnlichen Sinn oder werden ausschließlich in einem bestimmten Zusammenhang eingesetzt. Für das Adjektiv »reif« schlägt das Wörterbuch zum Beispiel »abgehangen« vor, was ausschließlich im Zusammenhang mit Schinken oder anderem Fleisch verwendet wird. Oder hast du schon mal jemanden etwas sagen hören wie »Für ihr Alter ist die kleine Carolina aber ganz schön abgehangen«?

Wie bereits erwähnt, darf man die Richtlinien auch einmal überschreiten – solange man es bewusst tut. Und so gibt es auch Wortwiederholungen, die Autoren absichtlich in ihre Geschichten einbauen, um etwas zu betonen.

Janne Teller schreibt an einer Stelle in *Nichts. Was im Leben wichtig ist* mehrfach das Wort »Angst« – und das nicht aus Versehen. Sie unterstreicht damit, wie sehr sich ihre Protagonistin fürchtet:

»Ich bekam Angst. Angst vor Pierre Anthon. Angst. Mehr Angst. Am meisten Angst.«[17]

---

17 Teller, Janne: *Nichts. Was im Leben wichtig ist.* München: Carl Hanser Verlag 2001, S. 10.

Hilfe, ein Eindringling

Wie du weißt, sind nicht alle Wörter, die im Synonymwörterbuch zu einem Begriff angegeben sind, völlig bedeutungsgleich. Pro Eintrag hat sich hier sogar ein Wort eingeschlichen, das überhaupt nicht zu den anderen passt. Finde es und markiere es. Die Lösungen stehen wie immer im Anhang.

klug: *clever, gescheit, gelehrt, helle, intelligent, mit scharfem Verstand, schlau, verständig, mit Köpfchen, gebildet, weise, findig, niveauvoll*

Ausflug: *Abstecher, Fahrt, Tour, Vergnügungsfahrt, Auslauf, Spritztour, Trip, Landpartie, Exkursion, Reise, Bummel, Erholungsfahrt, Kurztrip, Rutsch ins Grüne*

tanzen: *schwofen, das Tanzbein schwingen, schleudern, eine kesse Sohle aufs Parkett legen, steppen, hotten, pogen, twisten, einen Tanz hinlegen*

berühmt: *angesehen, groß, bewegt, gefeiert, geachtet, von Weltruhm, weltbekannt, anerkannt, bekannt, in aller Munde, populär, prominent, von Weltruf, beliebt*

Schönheit: *Charisma, Anmut, Herrlichkeit, Ausstrahlung, Gelassenheit, Attraktivität, Liebreiz, Grazie, Schick*

Um die richtigen Worte für eine Geschichte zu finden, muss man aber nicht nur nach unterschiedlichen und abwechslungsreichen Vokabeln Ausschau halten. Es empfiehlt sich auch, die Begriffe, die man sich aussucht, ab und zu auf ihre Verständlichkeit und Ausdruckskraft zu überprüfen. Der Leser kann sich unter eindeutigen Bezeichnungen wie »Straßenbahn«, »See« und »Ringfinger« nämlich viel mehr vorstellen als unter »öffentliches Verkehrsmittel«, »Gewässer« und »Digitus anularius«. Du solltest beim Schreiben deshalb anstelle von abstrakten Sammelbegriffen, Verallgemeinerungen und komplizierten Fachwörtern lieber anschauliche und genaue Nomen, Verben und Adjektive verwenden. Denn das ist Fakt: Sie lassen im Kopf des Lesers viel schneller Bilder entstehen und führen dazu, dass er sich die Umgebung und das Leben deiner Figuren leicht vorstellen kann. Er wird förmlich in die Geschichte hineingesogen, weil er nicht erst darüber nachdenken muss, mit welchem öffentlichen Verkehrsmittel dein Protagonist Emil nun eigentlich gerade fährt. Denn er weiß dank deiner konkreten Formulierung, dass Emil in der Tram sitzt und wie es dort vermutlich aussieht.

Natürlich kann man nicht alle abstrakten oder schwammigen Begriffe umgehen. Manchmal braucht man solch trockene Wörter wie »Sichtweise«, »Arbeit« und »Gegenstand« einfach, um etwas zu erzählen. Am besten verwendest du sie aber nicht gehäuft, sondern lieber wohl dosiert. Sonst kann es dir passieren, dass deine Geschichte wie eine Passage aus dem Gesetzbuch oder einem Behördenblatt klingt. Besonders, wenn du viele Substantivierungen nutzt, kann das der Fall sein. Substantivierungen erkennst du für gewöhnlich an den Endungen »-ung« und »-heit« oder »-keit«. Sie sind Nomen, die aus Adjektiven oder Verben entstanden sind, und machen Geschichten meist ziemlich unverständlich. Warum das so ist? Im sogenannten Nominalstil werden Teilsätze oder ganze Sätze einfach gegen Nomen ausgetauscht. Aus »Marcel wartete darauf, dass der Lehrer ihm seinen Test zurückgab« wird dann »Marcel wartete auf die Rückgabe seines Tests«.

Konkret vs. Abstrakt – Die richtigen Begriffe finden

Konkret:
Maus

Abstrakt:
Lebewesen

An diesem Beispiel für den Nominalstil erkennst du noch besser, warum du Substantivierungen vermeiden solltest: Infolge von Wenckes Kochleidenschaft kam es zum wiederholten Versuchen neuer Rezepte, das mit Einladungen zum Probieren der Ergebnisse durch Freunde einherging.

Was der Satz bedeuten soll? In dieser Variante im Verbalstil, also mit mehr Verben, erfährst du es: Wencke kochte leidenschaftlich gern und versuchte sich häufig an neuen Rezepten. Zum Probieren lud sie stets ihre Freunde zu sich ein.

Wie du siehst, machen Verben einen Text nicht nur verständlicher und angenehmer zu lesen. Sie geben einem auch das Gefühl, dass die Figur, über die erzählt wird, die Dinge selbst anpackt. Im Beispiel zum Nominalstil wusste man nicht so recht, wer nun eigentlich neue Rezepte ausprobiert und wie das mit den Einladungen war. Wer hat die überhaupt ausgesprochen? Die Ereignisse wurden entpersonalisiert. Das bedeutet: Die ganzen Nomen haben verhindert, dass man erfährt, wer woran beteiligt war. Erst in der zweiten abgewandelten Version wurde das so richtig klar. Viele Verben sind für eine Geschichte mit einer leidenschaftlichen und tatkräftigen Hauptfigur deshalb unerlässlich.

Denn sie machen deutlich, wer was tut und dass Dinge nicht einfach so passieren, sondern von jemandem angeschubst werden. Erst durch sie wird eine Geschichte dynamisch und nachvollziehbar.

Übrigens: Auch in Sätzen mit vielen Verben kann es passieren, dass man vergisst, denjenigen, der etwas tut, zu benennen. Wie? Indem man sogenannte Passivkonstruktionen verwendet – also zum Beispiel statt »Leon machte ihr einen Heiratsantrag« schreibt »Ihr wurde von Leon ein Heiratsantrag gemacht«. Ein kleiner Tipp: Scanne deine Geschichte mit den Augen ab und an auf das Wörtchen »wird« beziehungsweise »wurde«. Wenn es zu oft auftaucht, dann formuliere ein paar der entsprechenden Sätze so um, dass der Leser genau weiß, wer für was verantwortlich ist.

Wer ist der Täter?

Im Nominalstil ist nie ganz klar, wer eigentlich was tut. Auch in den nachfolgenden Sätzen ist das nicht anders. Versuche, sie auseinanderzunehmen und so umzuschreiben, dass ersichtlich wird, wer wofür verantwortlich ist.

Die Bekanntgabe der Verlegung der Unterrichtsstunde auf den späten Nachmittag rief Entsetzen hervor.

Das Kaputtgehen von Lindas Bus hatte eine Verspätung von 30 Minuten zur Folge, die das Durcheinandergeraten des gesamten Trainingsplans bedingte.

Seine Reaktion auf ihr Liebesgeständnis war Gelächter und Ablehnung gewesen.

Ohne sein unnötiges Schubsen hätten das Herunterfallen von Renatas Eis und ihr anschließendes Geschrei niemals stattgefunden.

Durch die Anlegung eines Blutvorrats im Kühlschrank und die Anschaffung einer Mikrowelle zur Konservenerwärmung konnte er bald aufs tägliche Jagen verzichten.

Kurz und knapp vs. lang und breit – Die Satz- und Wortlängen

Hotpants sind nur dann Hotpants, wenn sie wirklich kurz sind und eine Stunde ist immer sechzig Minuten lang. Sätze sind hingegen an keine bestimmten Ausmaße gebunden. Ob sie nun aus nur drei Wörtern bestehen oder über sieben Zeilen in einem Buch reichen, sie bleiben immer Sätze. Auch wenn manche Neunmalkluge meinen, sie hätten eine Formel für die optimale Länge gefunden. Die einen schreien »Um Himmels willen nie weniger als fünf Wörter in einem Satz!« und die anderen fordern »Unter keinen Umständen dürfen mehr als zwanzig Wörter verwendet werden!«. Dabei haben es in die Weltliteratur haufenweise Bücher geschafft, die unzählige Sätze enthalten, die viel kürzer oder viel länger sind.

Der berühmte Autor Thomas Mann war regelrecht verliebt in ausschweifende Sätze. Dieser stammt aus *Buddenbrooks – Verfall einer Familie*:

> »Sie gingen den Strand entlang, ganz unten am Wasser, dort, wo der Sand von der Flut benetzt, geglättet und gehärtet ist, so daß man mühelos gehen kann; wo kleine, gewöhnliche, weiße Muscheln verstreut liegen und andere, längliche, große, opalisierende; dazwischen gelbgrünes, nasses Seegras mit runden, hohlen Früchten, welche knallen, wenn man sie zerdrückt; und Quallen, einfache, wasserfarbene sowohl wie rotgelbe, giftige, welche das Bein verbrennen, wenn man sie beim Baden berührt …«[18]

Und auch der Krimi-Autor James Ellroy hat Weltruhm erlangt, obwohl in seinem Roman *Blut will fließen* ein knapper Satz auf den nächsten folgt:

> »Der Maskierte Nr. 1 war lang und dünn. Der Maskierte Nr. 2 mittelgroß. Der Maskierte Nr. 3 massig. 07:20. Immer noch keine Fußgänger unterwegs. Ein großer

---

18 Mann, Thomas: *Buddenbrooks – Verfall einer Familie*. Frankfurt am Main: S. Fischer Taschenbuch Verlag 1909, S. 189.

Zeppelin zog am Himmel ein Warenhausbanner hinter sich her.«[19]

Doch warum nun eigentlich das ganze Trara um *zu* lange und *zu* kurze Sätze? Ganz einfach: Nicht alle Autoren können so gekonnt mit ihnen umgehen wie Thomas Mann und James Ellroy.

Beim Schreiben langer Sätze lässt sich mancher zu verwirrenden Verschachtelungen und Aneinanderreihungen hinreißen. Dadurch entstehen Satzmonster, die dem Leser unaufhörlich »Bahnhof, Bahnhof!« entgegenbrüllen. Im Klartext: Durch viele Einschübe wird das gesamte Wortgefüge unverständlich.

Hier ein Beispiel für ein solches Ungetüm mit vielen Zwischenteilen und Nachträgen:

> In seiner Mittagspause, die für gewöhnlich um 13:00 Uhr begann und um 14:00 Uhr endete, blieb Roland, der Steuerberater, heute allein im Büro, während seine Kollegen wieder einmal in das Schnellrestaurant auf der gegenüberliegenden Straßenseite gingen, das er mied, seit er vor einigen Tagen bemerkt hatte, dass er seit der Eröffnung mächtig Gewicht, ungefähr 15 Kilo, zugelegt hatte, weshalb er nun auf Diät war, obwohl er schon jetzt, nach gerade einmal drei Tagen, wusste, dass er sie nicht durchhalten würde, denn schon wehte durch das Fenster, das er geöffnet hatte, der verlockende Duft von Burgern und Pommes zu ihm, an seinen Platz in der hintersten Ecke des Raumes, herein.

Ehe der Leser beim Punkt angekommen ist, hat er den Anfang des Satzes längst vergessen und mittendrin aufgegeben, dem Inhalt zu folgen. Doch warum war das bei dem Satz von Thomas Mann nicht so? Aus zwei Gründen. Erstens: Er hat ihn mithilfe von Kommas und Semikola sinnvoll gegliedert. Und zweitens: Er

---

19   *Ellroy, James : Blut will fließen. Berlin: Ullstein Verlag 2010, S. 12.*

hat darauf geachtet, die einzelnen Satzteile nicht zu sehr zu ver-
schachteln. Wenn lange Sätze auch Teil deines Stils sind, dann
kannst du es ihm nachmachen. Hüte dich zum Beispiel davor,
Partikelverben auseinanderzureißen. Zu ihnen gehören alle Verben, die in der gebeugten Form aus zwei Teilen bestehen, also
unter anderem »vorausschauen«, »hinterhergehen« und »nach-
trauern«. Schreibe anstelle von »Er schaute der Frau, die er soeben am Bahnschalter kennengelernt hatte, nach« lieber »Er
schaute der Frau nach, die er soeben am Bahnschalter kennengelernt hatte«. Ohnehin ist es praktisch, wenn du das Verb in
deinem Satz weit nach vorn ziehst und Detailinformationen ans
Ende hängst. Denn das trägt dazu bei, dass dein langer Satz verständlich bleibt. Schreib also nicht: »Thilo hatte in der Schulkantine zum Mittag versalzene Spiegeleier mit Speck, Spinat und
Kartoffeln gegessen.« Sondern lieber: »Thilo hatte in der Schulkantine gegessen, und zwar versalzene Spiegeleier mit Speck, Spinat und Kartoffeln.«

Und es hilft auch, auf doppelte Verneinungen zu verzichten:
Immerhin ist eine Formulierung wie »Streichen muss manchmal
sein« für den Leser doch viel leichter zu erschließen als »Gar
nicht zu streichen, ist nichts weniger als keine richtige Lösung«.
Aber was, wenn der Satz nach alldem trotzdem noch nicht perfekt ist? Dann kannst du ihn immer noch in zwei oder drei
kürzere aufspalten. Sogar das Satzmonster aus dem Beispiel lässt
sich auf diese Weise noch zähmen:

In seiner Mittagspause zwischen 13:00 Uhr und 14:00
Uhr blieb der Steuerberater Roland heute allein im
Büro. Seine Kollegen gingen wieder einmal in das
Schnellrestaurant auf der gegenüberliegenden Stra-
ßenseite. Er mied es. Seit der Eröffnung hatte er bereits 15 Kilo zugenommen. Deshalb war er nun auf
Diät. Er wusste aber, dass er sie nicht lange durchhal-
ten würde. Denn durch das offene Fenster wehte der
verlockende Duft von Burgern und Pommes zu ihm
herein.

Bitte entknoten

Nun bist du aber dran: Entknote diesen langen, verworrenen Satz!

Simone schleppt ihre Koffer, den roten und den grünen, zum Zug, mit dem sie auf die Insel Rügen fährt, wo sie ein schönes Hotel gebucht hat, das keine Hunde erlaubt, weshalb sie Garfield, ihren treuen Terrier, zu Hause lassen musste, wo ihre Mutter nun auf ihn aufpasst, während Simone sich auf ein paar Tage in ihrem neuen Bikini, den sie erst vergangene Woche gekauft hat, freut und darauf, sich am Strand in der Sonne zu rekeln und Ausschau nach hübschen Männern, die sie darum bitten wird, ihr den Rücken mit Sonnenmilch einzucremen, zu halten.

Während bei langen Sätzen oftmals die Verständlichkeit leidet, hat der Leser bei vielen kurzen Sätzen eher das Gefühl, dass er nicht richtig in die Geschichte hineinkommt. Es wirkt abgehackt, wenn zwischen zwei Punkten nur wenige Worte stehen, so, als hätte jemand den Text geschrieben, als er in Eile war. Dieser Telegrammstil eignet sich nur in den seltensten Fällen für ganze Geschichten. Besser ist es, ihn gezielt einzusetzen. Wann? Wenn du eine Szene schreibst, in der es stressig zugeht oder in der Dinge rasend schnell passieren. Um einen Autounfall zu schildern, der blitzartig geschieht, könnte man sich für viele knappe Sätze entscheiden:

> Plötzlich war da auf der gleichen Spur ein anderer Wagen. Er hielt auf den VW-Bus zu. Kai erschrak. Er trat auf die Bremse. Die Reifen quietschten. Er riss das Lenkrad herum. Erfolglos. Er schrie. Es knallte. Dann Rauch und überall Glassplitter.

In dem Beispiel sind nicht nur kurze, sondern sogar unvollständige Sätze – Ellipsen – zu finden. Anders als in Schulaufsätzen sind sie in Geschichten erlaubt: Sie helfen beispielsweise dabei, Hektik zu vermitteln. Und sie lassen Dialoge realistisch erscheinen. In der Umgangssprache sind Ellipsen nämlich reihenweise anzutreffen. »Raus hier«, »Alles aus«, »Du willst doch wohl nicht« oder »Also wirklich« sind nur einige, die wir gern nutzen. Du darfst diese Halbsätze deshalb auch für die Gespräche deiner Figuren verwenden.

Übung macht den Meister

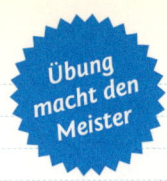

Kurz mitgeteilt

Auch beim SMS-Schreiben nutzt man viele Ellipsen – schon allein deswegen, weil hundertsechzig Zeichen nur wenig Platz bieten. Markiere in den unvollständigen Sätzen auf dem Handydisplay die Stellen, an denen Wörter ausgelassen wurden. Im Anhang dieses Buches findest du die Auflösung.

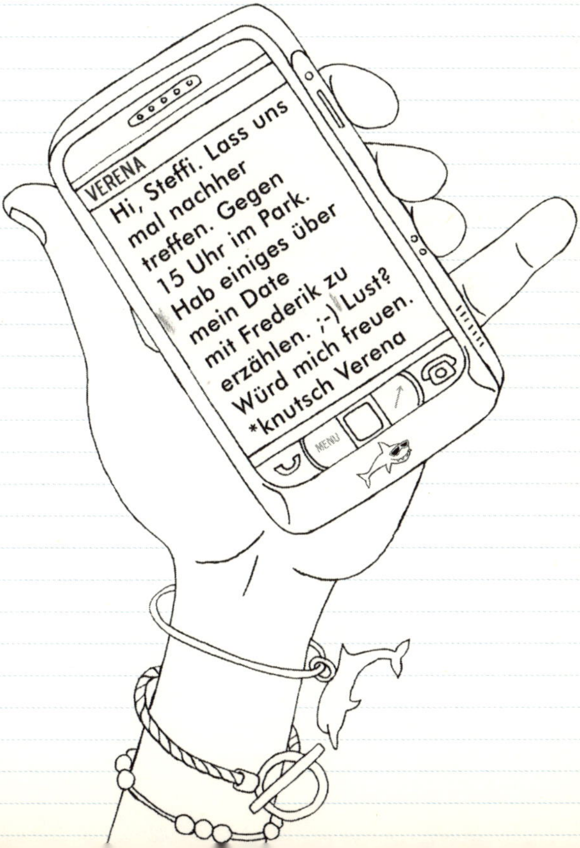
VERENA
Hi, Steffi. Lass uns
mal nachher
treffen. Gegen
15 Uhr im Park.
Hab einiges über
mein Date
mit Frederik zu
erzählen. ;-) Lust?
Würd mich freuen.
*knutsch Verena
MENU

Nachdem du bereits vieles über kurze und lange Sätze erfahren hast, fragst du dich nun sicher, ob es nicht auch eine einfache Lösung gibt. Und die gibt es: Beim Schreiben kannst du auf die alte Weisheit »Die Mischung macht's« vertrauen. Für den Leser ist es nämlich am angenehmsten, wenn zwischen vielen kurzen auch mal ein längerer und zwischen zahlreichen längeren auch mal ein kurzer Satz auftaucht. Denn das führt zu einem tollen Klang deiner Geschichte. Warum das so bedeutend ist? Wenn sich eine Geschichte gut anhört, dann liest sie sich auch flüssig. Lies dir deinen Text deshalb selbst leise vor, wenn du an ihm arbeitest. An die Stellen, an denen du ins Stocken gerätst, musst du noch einmal ran. Denn hier stimmt der Rhythmus deines Textes noch nicht. Mach dir darüber Gedanken, wie du diese Stellen verändern kannst: Lässt sich ein langer Satz vielleicht in zwei teilen oder durch Gedankenstriche und Kommas deutlich gliedern? Kannst du zwei kurze Sätze durch Wörter wie »und« und »weil« miteinander verbinden?

Manchmal ist es auch nur ein einzelnes Wort, das den Klang eines Satzes stört, weil es sperrig ist. Dann hast du es vergleichsweise leicht, denn Bandwurmwörter lassen sich ohne große Probleme in mehrere Sinneinheiten zerlegen. Aus »Elbedampfschifffahrtsgesellschaft« kannst du zum Beispiel die viel verständlichere Formulierung »Gesellschaft für Dampfschifffahrt auf der Elbe« machen und den »Fußballweltmeisterschaftsteilnehmer« zum »Teilnehmer an der Fußballweltmeisterschaft« umwandeln.

Dem Bandwurm an den Kragen

Teile die folgenden Endloswörter in Formulierungen aus mehreren kurzen Wörtern. Achte darauf, dass die ursprüngliche Bedeutung erhalten bleibt.

1. Energieversorgungsunternehmen

2. Meisterschaftsendspielstartaufstellung

3. Dampflokomotivenführerausbildung

4. Schülerratsvorsitzendenwahl

5. Straßenbahnschienenreinigung

Jetzt oder früher? – Die Zeitform

Es gibt gute Neuigkeiten: Bei der Wahl der Zeitform, in der die Geschichte stehen soll, bist du frei. Ob du sie nun in der Gegenwartsform (Präsens) erzählst oder doch lieber in der Vergangenheitsform (Präteritum), ist ganz allein dir überlassen.

Du solltest nur eines wissen: Beide Zeitformen unterscheiden sich in ihrer Wirkung auf den Leser. Geschichten, die im Präsens stehen, fühlen sich für den Leser bei der Lektüre so an, als wäre er live dabei, könnte aber trotzdem nichts an den Geschehnissen ändern. Eine Handlung, die in der Gegenwartsform geschildert wird, scheint unaufhaltsam zu sein und reißt mit. Ein anderes Gefühl erwecken da Texte, die in der Vergangenheitsform stehen: Der Leser weiß, dass alles längst vorüber ist, und steht der Handlung deswegen distanzierter gegenüber. Manchmal verdächtigt er Geschichten im Präteritum sogar, manipuliert zu sein. Es entsteht der Eindruck, der Erzähler hätte bereits reichlich Zeit gehabt, sich Gedanken über die Ereignisse zu machen. Lass dich davon aber bitte nicht abschrecken: Die meisten Leser lieben die Vergangenheitsform trotzdem.

Wie du dich auch entscheidest, bleib im Verlauf deiner Geschichte bei der ausgewählten Zeitform. Für den Leser ist es nicht nur störend, sondern regelrecht verwirrend, wenn ohne Grund aus Präteritum plötzlich Präsens wird. Er weiß dann nicht mehr so genau, an welchem Punkt er sich in einer Geschichte befindet. Hilflos fragt er sich: »Gab es gerade einen Zeitsprung? Oder wie?« Deshalb: Ändere nur bewusst die Zeitform. Wenn du in einer Geschichte im Präteritum eine allgemeingültige Aussage triffst, kann es zum Beispiel nützlich sein, auf das Präsens umzuschwenken. Wie etwa in den Sätzen »Die Sonne geht im Westen unter« und »Juliane steht jeden Tag um 7:00 Uhr auf«. Ein Sprung von der Gegenwarts- in die Vergangenheitsform bietet sich hingegen an, wenn du eine Rückblende in deinen Text einbaust, zum Beispiel eine Szene aus der Kindheit deines Protagonisten. Einen kleinen Zwischenhüpfer von der Vergangenheit in die Gegenwart und wieder zurück hat übrigens auch Patrick Süskind in seinem weltberühmten Roman *Das Parfum* gewagt:

> »Dann aber, wegen der Hitze und des Gestanks, den sie als solchen nicht wahrnahm, sondern nur als etwas Unerträgliches, Betäubendes – wie ein Feld von Lilien oder wie ein enges Zimmer, in dem zuviel Narzissen stehen –, wurde sie ohnmächtig, kippte zur Seite, fiel unter dem Tisch hervor mitten auf die Straße und blieb dort liegen, das Messer in der Hand.
>
> Geschrei, Gerenne, im Kreis steht die glotzende Menge, man holt die Polizei. Immer noch liegt die Frau mit dem Messer in der Hand auf der Straße, langsam kommt sie zu sich. [...] Sie steht auf, wirft das Messer weg und geht davon, um sich zu waschen.«[20]

Wozu Patrick Süskind die Zeitform gewechselt hat? Er wollte wahrscheinlich betonen, wie unausweichlich die Ereignisse waren. Dieses sogenannte szenische Präsens bietet sich für diejenigen Passagen einer Geschichte an, in denen ein Höhepunkt naht. Durch die Gegenwartsform ist der Leser schlagartig ganz dicht dran an den Erlebnissen der Figuren. Zwischen ihm und den Geschehnissen ist keine zeitliche Distanz mehr und deshalb wird er von ihnen mitgerissen. Du kannst ja auch einmal versuchen, das szenische Präsens einzusetzen, um die Spannung in deiner Geschichte noch ein klein wenig zu steigern.

Mit Worten Bilder malen – Metaphern, Vergleiche & Co.

Pablo Picasso war einer der ganz großen Künstler. Auch deshalb, weil er mit seinen Bildern Geschichten erzählte. Sein Gemälde *Guernica* zeigt zum Beispiel eindrucksvoll, welches Leid und welches Elend durch Krieg entstehen. Warum das hier überhaupt erwähnt wird? Begabte Maler und Schriftsteller tun im Grunde

---

20 *Süskind, Patrick: Das Parfum. Zürich: Diogenes Verlag 1994, S. 8f.*

ein und dasselbe: Sie nutzen Bilder, um das zu sagen, was ihnen auf dem Herzen liegt. Denn dank ihnen können sie Inhalte anschaulich vermitteln, so, dass sie sich einprägen. Sie können Einsichten in Probleme gewähren und Gefühle erregen. Sie können etwas verständlich und greifbar machen. Natürlich pinselt ein Autor dabei nicht mit Farbe auf Leinwänden herum, sondern mit Worten auf Papier.

Katarina von Bredow ist eine Autorin, die mit Sprache Bilder zeichnet. Dieser Ausschnitt aus *Ludvig meine Liebe* zeigt, wie sie es tut:

> »Es gab nicht viele Kinder in unserem Hof. Ludvig und ich wuchsen <u>wie zwei Pflanzen im selben Topf</u> auf [Bild], <u>die Wurzeln hoffnungslos ineinander verschlungen.</u>[Bild]«[21]

Autoren haben eine ganze Palette an Möglichkeiten, um ihre Texte zu gestalten. Sie können eine Sache erklären, indem sie sie mit einer anderen vergleichen, oder einen Gegenstand näher beschreiben, indem sie ihm die Eigenschaften eines anderen zuordnen. Wenn du es genau wissen willst, es gibt zwei verschiedene Arten von bildhaften Figuren: Tropen und Sprachbilder. Hier je ein Beispiel:

○ **Grenzverschiebungstropen:** Schreibt ein Autor statt »Viele Menschen in Deutschland haben Angst vor der Schweinegrippe« nur »Deutschland hat Angst vor der Schweinegrippe«, dann verwendet er einen Grenzverschiebungstropus. Denn jeder weiß, dass ein Staat gar keine Angst haben kann, nur seine Bürger. Bei Grenzverschiebungstropen ist es so, dass man sich ganz in der Nähe dessen umsieht, was man eigentlich meint. Zum Beispiel nennt man statt eines Teils (»das Fleisch eines Schweins«) das Ganze (»auf seinem Teller landete Schwein«), statt einer Gruppe (»Napoleon und seine Truppen verloren

---

21 *Bredow, Katarina von: Ludvig meine Liebe. Weinheim und Basel: Beltz Verlag 1998, S. 14.*

die Schlacht«) nur einen einzelnen (»Napoleon verlor die Schlacht«) oder statt eines Namens (»Herakles«) nur eine Eigenschaft (»der Starke«).

- ▶ **Übertragungsbilder:** Übertragungsbilder heißen Übertragungsbilder, weil sie dann entstehen, wenn eine Eigenschaft von einer Sache auf eine andere übertragen wird. Zum Beispiel durch einen Vergleich: »Wenn sie redete, klang es, als wenn jemand mit den Fingernägeln auf einer Tafel herumkratzen würde.« Der Autor stellt einen Zusammenhang zwischen zwei Situationen oder auch Dingen her, die aus unterschiedlichen Bereichen stammen und sich in einem Merkmal ähneln.

Zu den beliebtesten Bildern gehören Vergleiche – auch weil sie einfach zu formulieren und trotzdem sehr anschaulich sind. Frage dich einfach: Welcher Sache oder Situation ähnelt das, was ich ausdrücken möchte? Und nutze dann die Konjunktionen »wie« oder »als«, um den Vergleich aufzuschreiben.

Hier drei Beispiele für gelungene Vergleiche. Sie stammen aus Anna Palms Kurzgeschichte *Karamellsommer*, die im Erzählband *Frühlingsflattern* erschienen ist:

- ▶ »Und die Berge stehen wie große Beschützer um die Stadt drum herum.«[22]
- ▶ »Seine Finger sind zart wie Schmetterlingsflügel.«[23]
- ▶ »Mir ist ganz hohl im Bauch, ich hab ein Gefühl, als ob der Lachs vom Sandwich wieder lebendig wird und raus will.«[24]

Ein weiteres gern von Autoren verwendetes sprachliches Bild ist die Metapher. Im Gegensatz zum Vergleich braucht man für sie keine Hilfswörtchen. Die Eigenschaften einer Sache oder Person werden einer anderen einfach zugeschrieben. Aus »Ihre Haare

---

22 *Palm, Anna: Karamellsommer. In: Frühlingsflattern, hg. von Annika Kühn und Sylvia Gelinek. Berlin: Schwarzkopf & Schwarzkopf Verlag 2010, S. 25.*

23 *ebd., S. 29.*

24 *ebd., S. 34.*

waren weich und duftend wie ein Pfirsich« wird auf diese Weise zum Beispiel die Formulierung »Sie hatte Pfirsichhaar«.

Ein Ausschnitt aus dem Roman *Salzwassersommer* von Sharon Dogar macht dir den Unterschied zwischen Metaphern und Vergleichen noch einmal deutlich:

> »Manchmal, wenn ich mit Charleys Bild allein in der Küche bin, spüre ich, <u>wie ich unwillkürlich zu ihm hinblicke, als gehöre mein Kopf nicht mehr mir</u> [Vergleich], und ich schließe die Augen, will es nicht sehen, aber das Bild ist dennoch da, hinter meinen geschlossenen Lidern. ›Hal, schau mich an, Hal!‹, ruft sie und tanzt, <u>ein kleines, silhouettengleiches Teufelchen</u> [Vergleich] auf einem Felsen, <u>umringt von roten Funkenperlen</u> [Metapher].«[25]

Für den Leser bedeuten Metaphern mehr Denkarbeit als Vergleiche. Nehmen wir noch einmal das Beispiel mit dem Pfirsichhaar: Er muss sich erst einmal darüber klar werden, welche Besonderheiten so ein Pfirsich hat und welche von ihnen auch auf das Haar einer jungen Frau zutreffen könnten. Aber gerade das macht die Magie einer gelungenen Metapher aus – die Leistung, die der Leser selbst erbringen muss. Er denkt sich »Cool, auf diesen Zusammenhang bin ich bisher noch nicht gekommen« und wird sich später gut und schnell an die Szene entsinnen können, in der das Bild auftauchte.

Doch Vorsicht: Zu diesem positiven Effekt kommt es nur, wenn eine Metapher tatsächlich funktioniert. Und das tut sie ausschließlich dann, wenn beide Gegenstände oder Personen, die durch sie miteinander in Verbindung gebracht werden, auch irgendetwas gemeinsam haben. Ist dies nicht der Fall, dann wirkt die Metapher entweder lächerlich oder kann vom Leser nicht entschlüsselt werden. Im ungünstigsten Fall hat beides zur Folge, dass er die Lektüre kopfschüttelnd aufgibt.

---

25   Dogar, Sharon: *Salzwassersommer*. Würzburg: Arena Verlag 2009, S.13.

Doch welche Fehler solltest du denn nun vermeiden? Diese kleine Checkliste verrät es dir:

○ **Ist mein Bild schief?**
Ein Bild ist schief, wenn die Merkmale der zusammengebrachten Gegenstände oder Personen einfach nicht zueinanderpassen. Schiefe Bilder entstehen zum Beispiel dann, wenn man wahllos mehrere Gleichnisse miteinander verbindet. In dieser unglücklichen Formulierung ist das leider der Fall: »Hannah war Karstens rechte Hand, sie sah ihm stets an, wenn ihm etwas unter den Nägeln brannte.«

○ **Hinkt mein Vergleich?**
Auf Vergleiche, unter denen man sich nur schlecht etwas vorstellen kann oder die irgendwie seltsam anmuten, sollte man lieber verzichten – auf einen wie diesen etwa: »Die Wolken hingen wie Klopse am Himmel.«

○ **Ist mein sprachliches Bild kitschig?**
Kitschige Bilder tauchen häufig in Liebesgeschichten auf. Kein Wunder, die großen Gefühle können einen schon einmal dazu hinreißen, Sätze wie den folgenden zu schreiben: »Seine Augen waren blau wie das Meer und seine Lippen rot, prall und süß wie ein Apfel.«

○ **Habe ich Wörter aus unterschiedlichen Stilebenen in meinem Bild verwendet?**
Wenn du dir Metaphern und Vergleiche ausdenkst, gilt wieder: Pass auf, dass du nicht aus Versehen altmodische oder ungebräuchliche Worte in einen sonst sehr salopp geschriebenen Text mixt. »Mit feierlicher Stimme sprach er, wie Jesus einst zu seinen Mitarbeitern« klingt doch irgendwie seltsam, oder?

○ **Werden in meinem sprachlichen Bild unterschiedliche Welten miteinander vermischt?**
Vermeide es am besten, unterschiedliche Bereiche des Lebens in einem sprachlichen Bild miteinander zu vermengen. Wenn man zum Beispiel ein zur Redensart gewordenes Wetterphänomen mit einer Redensart aus dem Tierzüchterumfeld

Unglückliche Formulierungen auf der Suche nach Trost

Diese sprachlichen Bilder sind alles andere als gelungen. Warum? Schreibe je ein Stichwort dazu:

1. Mit seiner Eifersucht schoss sich Sebastian erneut ein Eigentor und vergab die Chance auf die Pole Position in Trines Herz.

2. Ihre Tränen prasselten wie Hagelkörner auf den Boden.

3. Sein Herz schrie ihren Namen.

4. Es regnete in Strömen der Liebe.

5. Um das Überleben des Blauwals zu sichern, würde die Organisation über Leichen gehen.

kreuzt, kann das nicht funktionieren: »Simons Zurückhaltung war wohl nur die Ruhe vor dem Sturm gewesen, jetzt gingen die Pferde mit ihm durch.«

Nach genialen Metaphern muss man nur selten krampfhaft suchen. Eher fliegen sie einem zu. Du solltest dich deshalb nicht zwingen, welche in deinen Text einzubauen. Wenn dir keine einfallen wollen, dann versuch nicht, dich mithilfe eines Lexikons oder *Wikipedia* auf Ideen zu bringen. Keine Metaphern sind immer noch besser als misslungene oder solche, die unnatürlich oder weit hergeholt wirken. Das gilt übrigens auch für alle anderen sprachlichen Bilder. Nur wenn sie wirklich gekonnt sind, solltest du sie verwenden.

Redensartliche Metaphern und Vergleiche sind solche, die bereits in die Alltagssprache eingegangen sind. Wendungen wie »es durch die Blume sagen«, »der Schuss ging in den Ofen« oder »zum Haareraufen« erkennt man kaum noch als bildhafte Figuren, weil sie so vertraut sind und häufig benutzt werden. Deshalb solltest du sie während des Schreibens deiner Geschichte besser aus deinem Wortschatz verbannen. Solch »abgenutzte« Formulierungen können den Leser nämlich nicht mehr packen und verfehlen deshalb oft ihren Zweck. Statt Aufmerksamkeit zu erregen, überliest der Leser sie unbeeindruckt. Doch die Neubelebung dieser Redewendungen ist möglich. Mit ein wenig Geschick kannst du ihnen ganz leicht ihre ursprüngliche Ausdruckskraft zurückgeben. Wie? Indem du beispielsweise ein Wort in der entsprechenden Formulierung durch ein anderes ersetzt. Manchmal kann es sogar schon genügen, eines hinzuzufügen, wegzulassen oder umzustellen, um die bildhafte Figur wieder zum Leben zu erwecken. Die langweilige Formulierung »Er lebte wie die Made im Speck« könnte auf diese Weise zum Beispiel zum einprägsamen Satz »Er lebte wie die Made im Parmaschinken« werden.

Zeigen statt beurteilen – Das Motto jedes guten Autors

Nachdem du nun weißt, wie deine Geschichte bildhaft wird, wie du mit kurzen und langen Sätzen umgehen und welche Begriffe du lieber nicht aus deinem Wortschatz hervorkramen solltest, fehlt nun noch ein letzter Tipp – der wahrscheinlich wichtigste: Beurteile nicht, sondern zeige lieber. Oder anders gesagt: Lass in deiner Geschichte Freiräume für die Fantasie und die Einschätzungen des Lesers, indem du ihm Dinge zwar beschreibst, sie aber nicht einschätzt. Dränge ihm deine Meinung über Figuren und Situationen nicht auf, sondern lass ihn selbst entscheiden, wie er etwas findet. Ziehe keine Schlussfolgerungen, auf die er auch ohne deinen Hinweis kommen kann. Denn je weniger du ihn bevormundest, desto mehr eigene Gedanken muss er sich machen und desto tiefer wird er von der Geschichte berührt.

Diese Hinweise helfen, ihn mundtot zu machen, den inneren Schweinehund, der alles kommentiert:

- Erkläre, was die Figuren sehen, hören, schmecken und fühlen. Denn aus ihren Eindrücken entstehen auch die Eindrücke des Lesers. Er kann sich Orte, Situationen und Gegenstände viel besser vorstellen, wenn du Details schilderst.
- Erzähle, was geschieht, und verwende Dialoge: Figuren lassen sich am eindrücklichsten durch ihre Taten und Worte charakterisieren. Erinnerst du dich noch, das wurde schon im Kapitel *Herzlichen Glückwunsch, du bist Doktor Frankenstein!*

Wiederbelebungsmaßnahmen

Formuliere die Redewendungen so um, dass sie wieder frisch wirken, und verwende jede von ihnen dann in einem Satz.

1. Einem nackten Mann in die Tasche greifen

2. Leichen im Keller haben

3. Die Katze aus dem Sack lassen

4. Jemandem auf den Leim gehen

angerissen. Du musst nicht schreiben »Er war so ... und sie war anders«. Der Leser kann sich vor allem dann eine eigene Meinung über Figuren bilden, wenn er mitbekommt, wie sie handeln und reagieren. Wie bewegen sie sich? Was spielt sich in ihren Gedanken ab? Was sagen sie? Welche Mimik und Gestik zeigen sie?

○ Geh sparsam mit Adjektiven um. Verwende sie nur, um etwas detailliert zu beschreiben und nicht, um es einzuschätzen. »Gut«, »schlecht«, »wunderbar« und Co. streichst du am besten völlig. Denn der Leser kann sich kein eigenes Bild machen und nicht nachprüfen, ob dein Urteil stimmt. Besser ist es da, Adjektive zu verwenden, die für konkrete Eigenschaften stehen. Wie war die Suppe? Giftgrün, kochend heiß, klebrig und nach Essig stinkend? Dann schreib es auf und lösche das wertende Wörtchen »eklig« wieder.

Aber sieh diese Ratschläge nicht als Aufforderung, alles zu verallgemeinern. Sei stattdessen genau. Denn auch damit gibst du dem Leser die Möglichkeit, sich selbst einen Eindruck zu verschaffen. Aus einem Satz wie »Sie verabredeten sich zu einem Date« geht nicht hervor, ob deine Protagonistin sich darum bemühen musste und wer wen eingeladen hat. Wenn das aber später wichtig für die Geschichte ist, dann solltest du die Szene detailliert schildern. Behalt immer im Gedächtnis: Wenn der Leser sich Menschen, Dinge und Situationen vorstellen kann, dann kann er auch besser eine Beziehung zu ihnen aufbauen.

+ darauf achten, dass dieselben Worte nicht zu häufig in einer Geschichte auftauchen. Sprachliche Abwechslung ist Pflicht.

+ wann immer es geht, Verben verwenden. Geschichten mit vielen Nomen wirken schnell so, als hätte sie ein Beamter geschrieben, und sind schwer zu verstehen.

+ sowohl kurze als auch lange Sätze schreiben. Das sorgt für Abwechslung und liest sich flüssig.

+ bei einer Zeitform für deine Geschichte bleiben. Sprünge von der Vergangenheit in die Gegenwart und andersherum sind nur erlaubt, wenn es einen Grund dafür gibt.

+ Situationen beschreiben und nicht bewerten. Dann kann sich der Leser seine eigene Meinung bilden und fühlt sich von deiner Geschichte gefordert.

– Sammelbegriffe und Wörter verwenden, die nicht anschaulich sind. Lieber Wörter gebrauchen, die der Leser versteht und unter denen er sich auf Anhieb etwas vorstellen kann.

– doppelte Verneinungen verwenden. Kein Niemand versteht die nicht mehr. ;-)

– Satzungetüme aus vielen Verschachtelungen, Einschüben und Zwischenteilen basteln. Lieber mehrere kürzere Sätze schreiben – sie sind verständlicher.

– Bandwurmwörter wie »Straßenverkehrsampelwartung« benutzen. Es ist besser, sie in mehrere kürzere Wörter zu zerlegen.

– die Geschichte mit bekannten Redewendungen spicken. Sie haben ihre Ausdruckskraft schon vor langer Zeit verloren.

Kapitel 9

Und zum Schluss noch einmal ganz von vorn

Wie du deine Geschichte überarbeiten solltest

Mut zur Veränderung – Die Überarbeitung

Puh, endlich hast du es geschafft: Der finale Satz ist geschrieben, der letzte Punkt gesetzt, der Computer heruntergefahren. Oder sollte man lieber sagen: Der semifinale Satz ist geschrieben, der vorletzte Punkt gesetzt und der Computer neugestartet? Es folgt nämlich noch eine große Aufgabe, die du meistern musst, nachdem du deine Geschichte zu Ende geführt hast: ihre Überarbeitung. Denn selten ist das erste Ergebnis so rund, dass sich niemand an ihm stößt und alle gleich begeistert sind. Wie ein Tischler muss auch ein Autor erst alle Unebenheiten und scharfen Kanten seiner Rohfassung abschleifen. Du kommst also nicht umhin, gründlich an der ersten Version deiner Geschichte zu feilen.

Schritt 1 der Überarbeitung:
Entspannung

»Ommmm . . .«

Doch gönne dir zunächst eine Verschnaufpause. Du hast es dir verdient, deinen Erfolg für einen Moment zu genießen. Dadurch, dass du deine Geschichte vollendet hast, hast du bereits mehr als die meisten anderen geschafft. Ehe du dich an den letzten notwendigen Teil des Schreibprozesses wagst, ist ein Klopferchen auf die eigene Schulter deshalb erlaubt. Ohnehin empfiehlt es sich, eine kleine Ruhephase einzulegen. Verbanne deinen Text einige Tage in eine Schublade, um Abstand von ihm zu gewinnen. Beschäftige dich mit anderen Dingen, geh mal wieder früh ins Bett, sieh einen Film oder fahr zu deinen Großeltern, die ungeduldig auf deinen Besuch warten. Versuche, deine Figuren für eine Weile komplett aus deinem Kopf zu bekommen und die Sätze zu vergessen, die du hundertfach vor dich hingemurmelt hast. Deine Geschichte sollte dir ein wenig fremd geworden sein, wenn du dich wieder an sie setzt. Dann kannst du sie realistischer einschätzen. Logische Fehler werden dir eher auffallen und der Rotstift wird sicherer in deiner Hand liegen, wenn du neue Kraft gesammelt hast.

Und? Bereit? Bist du entspannt und hast deinen ganzen Mut zusammengenommen? Dann lies deine Geschichte zunächst in einem Zug durch. Markiere dir dabei die Abschnitte, in denen du inhaltliche Unstimmigkeiten entdeckst. Formulierungen, über die du stolperst, kannst du zwar mit anzeichnen, du solltest sie aber nicht sofort korrigieren. Das würde den Lesefluss stören und du hättest es schwer, dir einen Überblick über deine Geschichte zu verschaffen. Der ist aber unerlässlich. Bei diesem Schritt der Überarbeitung geht es nämlich vor allem darum, Unterbrechungen im roten Faden und logische Fehler aufzuspüren. Das Hauptaugenmerk sollte für den Moment auf der Handlung, nicht auf der Sprache liegen. Untersuche deinen Text mit den folgenden Fragen:

- Verläuft das Geschehen schlüssig?
- Handeln die Figuren nachvollziehbar?
- Sind ihre Konflikte glaubwürdig?

- Wirken Raum und Zeit realistisch?
- Spitzt sich das Geschehen zu?
- Entsteht Spannung?
- Wird meine Kernaussage deutlich?
- Sind alle Fakten korrekt?
- Werden alle Erzählstränge logisch zu Ende gebracht?

Schritt 2 der Überarbeitung:
Umbauen

Lautet die Antwort auf irgendeine der Fragen Nein, musst du dich auf Ursachenforschung begeben. Woran liegt es, dass sich kein Nervenkitzel einstellen will? Oder warum steigt die Handlung nicht an? Es kann sein, dass du dabei auf ein größeres Problem stößt. Wenn dir plötzlich auffällt, dass du vergessen hast, einen Höhepunkt zu konstruieren oder dass der Streit deiner Figuren erzwungen wirkt, solltest du aber nicht verzweifeln. Entscheidest du dich jetzt, deine Geschichte wegzuschmeißen, wäre die ganze Arbeit umsonst gewesen. Deine Autorenkarriere wäre beendet, bevor sie begonnen hätte – und das, obwohl sich zwischen den veränderungsbedürftigen Absätzen gewiss auch kleine Schmuckstücke befinden. Dann doch lieber erneut die Ärmel hochkrempeln und eine Umbauaktion starten: Reiß Szenen heraus, versetze Passagen, stelle Figuren neu auf und sei dabei nicht zimperlich. Entscheidende Veränderungen an einer Geschichte vorzunehmen ist zwar schwierig, aber vielversprechend. Wer Makel erkennt, kann sie auch beheben.

Sind die arbeitsintensiven Umbauten abgeschlossen, folgt der zweite Durchgang der Überarbeitung: Kleinere Ungereimtheiten sollen nun beseitigt werden. Trug die Hauptfigur eben noch Turnschuhe und ist nun barfuß? Waren ihre Augen zu Beginn der Geschichte grün und sind inzwischen blau? Und hatte sie die ganze Zeit Höhenangst und klettert plötzlich fröhlich auf einen Baum? Jetzt ist der Moment gekommen, diese sogenannten Kontinuitätsfehler zu beheben. Und folgenden Makeln der Geschichte hat nun ebenso das letzte Stündchen geschlagen:

- Fehler in der Erzählperspektive: Wechselt sie? Gibt der Erzähler etwas preis, das er nicht wissen kann?
- gestelzte Dialoge: Reden die Figuren so, wie man es von ihnen erwartet? Erklären sie einander Dinge, die sie eigentlich schon wissen, nur damit der Leser sie erfährt?
- unstimmige Bilder: Sind alle Metaphern schlüssig? Gibt es schiefe Bilder?
- Wechsel der Zeitform: Ist die Zeitform einheitlich? Oder wechselt sie irgendwo grundlos?

Dass die erste Version einer Geschichte darüber hinaus Buchstabendreher, verpatzte Sätze und falsche Satzzeichen enthält, ist völlig normal. Zur Überarbeitung gehört es deshalb auch, den eigenen Text einer umfangreichen sprachlichen Kontrolle zu unterziehen. Um zum Beispiel Rechtschreib- und Grammatikschwächen zu entdecken, kannst du das Korrektur-Tool deines Office-Programms nutzen. Oder du versuchst, dein Gehirn auszutricksen: Stelle eine andere Schriftart auf deinem Computer ein und begib dich dann auf die Suche nach Fehlern. Durch den »neuen Look« deines Textes werden dir nun auch Dinge auffallen, die du vorher übersehen hast. Die ganze Zeit war in deinem Kopf nämlich die Auto-Vervollkommnung eingestellt. Das heißt: Dein Gehirn hat den Text immer wieder so hingedreht, wie er ursprünglich gedacht war. Durch das neue Schriftbild ist diese Funktion nun aber ausgeknipst. Du kannst die Geschichte so lesen, als wäre sie dir unbekannt. Und wenn dir das immer noch nicht sicher genug ist, dann gib den Text an jemanden weiter, der sich gut in solchen Dingen auskennt und dir bei der Berichtigung helfen kann.

Darf's ein bisschen weniger sein? – Das Kürzen

Es tut höllisch weh und muss dennoch sein: Du musst kürzen – so sehr du auch an jedem Wort, jeder Zeile und jedem Absatz der Rohfassung hängst. Denn während des Schreibens schleichen sich, sogar in die Texte erfahrener Autoren, Störenfriede ein. Sie suchen sich einen Platz in der Geschichte und ärgern den Leser, indem sie vom Wesentlichen ablenken. Zu ihnen gehören: ausschweifende Erklärungen, langatmige Ausführungen über Raum und Zeit, inhaltliche Wiederholungen sowie überflüssige Handlungsstränge und Figuren. Und als wäre es nicht ohnehin schon schwer genug, die Plagegeister ausfindig zu machen, tarnen sie sich auch noch gern als besonders eindrückliche Beschreibungen. Aber wer will schon Details über Badezimmerschränke, Ausflüge in den Zoo oder übers Kaffeekochen wissen, die für den Verlauf der Handlung keine Bedeutung haben? Richtig, niemand. Deswegen solltest du sie ersatzlos entfernen – und seien sie noch so schön. Um zu überprüfen, ob du einen Absatz streichen solltest, frag dich am besten:

- Ist die Geschichte ohne die entsprechende Passage unverständlich?
- Lernt der Leser in ihr etwas über die Figuren, das er bisher nicht wusste und das später eine Rolle spielt?
- Trägt ein Ereignis in der Passage dazu bei, dass sich die Figuren weiterentwickeln?

Stellst du fest, dass der entsprechende Abschnitt deiner Geschichte keine Funktion erfüllt, kannst du beherzt auf die Entfernen-Taste drücken. Alles Entbehrliche, das du vorab beseitigst, kann den Leser später nicht mehr stören. Erfahrungsgemäß kann ein Viertel weg. Sieh dich deshalb nicht nur auf der inhaltlichen, sondern auch auf der sprachlichen Ebene um, welche Sätze, Formulierungen oder Worte niemand vermissen würde. Zu den Nummer-eins-Streich-Kandidaten gehören:

- Füll- und Unwörter: Beim Sprechen nutzen wir sie, um Zeit zu schinden. In geschriebenen Texten sind sie jedoch Ballast und können in den meisten Fällen ersatzlos gestrichen werden. Zu ihnen zählen zum Beispiel: anscheinend, bekanntlich, bereits, dann und wann, halt, jedenfalls, möglichst, überaus, zumeist. Führe am besten folgenden Test durch: Schreib deinen Satz einmal mit und einmal ohne alle Füll- und Unwörter auf. Wenn sich die Aussage nicht verändert, wähle die kürzere Version. Sie ist präziser und liest sich angenehmer. Ein kleiner Tipp: Beim Aufstöbern kann dir das Internet behilflich sein. Auf vielen Schriftsteller-Webseiten kannst du deine Geschichte von einem Programm auf die überflüssigen Wörtchen prüfen lassen, zum Beispiel auf:
  www.letter-factory.com/elektorat.php
  www.stilversprechend.de
  www.schreiblabor.com/textlabor/filler/
- ungenaue Adjektive und Adverbien: Wenn sie einen Sinneseindruck wiedergeben, können sie deine Geschichte bereichern. Wenn nicht, solltest du sie streichen. Grundsätzlich gilt: Ad-

jektive und Adverbien sollten gezielt eingesetzt werden. Treten sie massenhaft auf, verlieren sie ihre Ausdruckskraft. Die Geschichte klingt, als wollte der Autor besonders poetisch sein und hätte dabei gnadenlos versagt. Genaue Nomen oder Verben machen Adjektive und Adverbien oft überflüssig. Spür sie auf.

- Dopplungen: Durchsuche deinen Text gezielt auf doppelt gemoppelte Ausdrücke wie »der runde Ball«, »die weibliche Lehrerin« und »der rosafarbene Flamingo«. Weil das Adjektiv eine weithin bekannte Eigenschaft beschreibt, kann es entfernt werden. Der Fachbegriff für solche Dopplungen heißt übrigens »Pleonasmus«.

- deine Lieblingsausdrücke: Jeder Autor hat Formulierungen, die er immer und immer und immer wieder unterbringt. Bevor sie den Leser nerven, sollten sie an einigen Stellen lieber entfernt werden.

Kritik erwünscht – Die Testleser

Vier Augen sehen mehr als zwei, sechs mehr als vier, acht mehr als sechs und so weiter und so fort. Es kann daher nicht schaden, deine Geschichte von mehreren Personen lesen zu lassen, bevor du sie bei einem Wettbewerb einreichst oder auf deinem Blog veröffentlichst. Kritik von anderen zeigt dir nämlich am besten, ob deine Geschichte so wirkt, wie du es dir vorgestellt hast. Und sie hilft dir, Schwächen deines Textes ausfindig zu machen, die du allein nicht erkennen kannst. An welchen Stellen hapert es mit der Verständlichkeit? Wo sollten noch ein paar Sätze mehr stehen, damit das Geschehen plausibel ist? Welche Passagen langweilen? In welchem Absatz fehlt eine wichtige Information? Selbst wenn dir deine Testleser nicht exakt erklären können, warum ihnen das ein oder andere negativ aufgefallen ist, können sie dir Hinweise auf Makel deiner Geschichte geben. Weil die Kritik der ersten Leser nicht immer auf Anhieb zu entschlüsseln ist, hier eine kleine Übersetzungshilfe:

Zeit, sich zu verabschieden

Der Beispieltext ist voll mit Füllwörtern, Wiederholungen und Co. Nimm einen Stift zur Hand und markiere alle Formulierungen, die niemand braucht. Ob du alle gefunden hast, verrät dir die Auflösung im Anhang dieses Buches.

Etwa drei Stunden, nachdem sie eigentlich hatte zu Besuch kommen wollen, klopfte Katrin ziemlich zerzaust und reichlich atemlos an der Tür. Allem Anschein nach war sie vor ihrem jetzigen Besuch in einen relativ heftigen Kampf verwickelt gewesen. Sie hatte einige Kratzer im Gesicht und überdies viele weitere Kratzer auf den Armen. Aus ihrer hübschen Nase tropfte außerdem ein wenig rotes Blut auf ihren schlecht sitzenden Pullover. Ich wollte selbstredend möglichst bald wissen, was ihr geschehen war, zog sie also ins Haus und bombardierte sie reichlich mit allerhand Fragen. Wer ihr das angetan hätte? Und warum? Und wie es dazu gekommen sei? Katrin wollte zuerst schlichtweg überhaupt gar nichts dazu sagen. Es dauerte ungefähr sechzig Minuten und zwei Tassen Kaffee, ehe sie die ersten und einzigen paar Worte quasi ganz leise vor sich hinmurmelte: »Diese gottverdammte Katze.«

- **Der Testleser sagt: Die Geschichte ist langweilig.**
Der Testleser meint entweder: Es wird keine Spannung auf-
gebaut und es gibt keine Konflikte, die auf den Verlauf und
Ausgang der Geschichte neugierig machen. Oder: Es muss
gekürzt werden. Noch gibt es zu viele Passagen, die zu um-
ständlich oder langatmig sind. Manche stören regelrecht,
weil sie für die Handlung keine Rolle spielen oder zu weit
abschweifen.
- **Der Testleser sagt: Die Handlung kommt nicht in Gang.**
Der Testleser meint: Rückblicke und Details verlangsamen das
Fortschreiten der Geschichte. Die vielen Einzelheiten über die
Vergangenheit der Figuren und die Umstände sind ja gut und
schön, aber sie überdecken die eigentliche Handlung. Statt sie
geballt an den Anfang der Geschichte zu setzen, sollten sie
lieber portionsweise serviert werden und nur dann, wenn sie
wirklich wichtig sind.
- **Der Testleser sagt: Ich konnte mich von Anfang an nicht mit
der Hauptfigur anfreunden.**
Der Testleser meint: Der Protagonist scheint hölzern. Seine
Reaktionen sind unverständlich und seine Entwicklung ist unglaubwürdig. Du hattest zu Beginn vermutlich nur eine vage
Vorstellung von der Persönlichkeit deiner Hauptfigur. Am besten überarbeitest du noch einmal die Charakterisierung.
- **Der Testleser sagt: Die Geschichte ist unverständlich.**
Der Testleser meint: Durch viele Sprünge in Raum und Zeit
oder überflüssige Inhalte und Figuren wird nicht klar, wer und
was von Bedeutung ist. Du solltest die wichtigsten Handlungsorte und Szenen auswählen und diese genauer ausarbeiten. Einige andere solltest du streichen.

Deine Familie und deine Freunde eignen sich nur bedingt als Testleser. Da sie dich lieben und höchstwahrscheinlich sehr stolz auf
dich sind, sind sie nicht unvoreingenommen. Ihnen fehlt der neutrale Blick. Wenn du die Möglichkeit hast, solltest du deine Ge-

schichte deshalb lieber an jemanden geben, mit dem du kein enges Verhältnis pflegst. Hast du vielleicht einen Lehrer, der selbst gern schreibt und dir mit Ratschlägen zur Seite stehen kann? Kennen deine Eltern jemanden, der sich deine Geschichte gern durchliest? Oder ist ein Redakteur der Schülerzeitung bereit, sich deinen Text anzusehen? Super, dann trau dich, ihnen deine literarischen Werke zu zeigen. Denn da Fremde meist am ehrlichsten sind, ist ihr Feedback auch das hilfsreichste für dich. Nimm es ihnen deshalb auch nicht übel, wenn ihre Kritik harsch ausfällt. Nutze sie stattdessen für dich: Jetzt weißt du, woran du noch arbeiten musst.

Wer nicht fragt, bleibt dumm ...

Muss ich alles ändern, das mir die Testleser ankreiden?

Geschmäcker sind verschieden. Wenn einer deiner Testleser unbedingt will, dass deine Geschichte ein Happy End bekommt, heißt das noch lange nicht, dass du den Schluss umschreiben musst. Wäge ab, welche Vorschläge dir helfen und welche dich von deiner eigentlichen Idee abbringen. Hab den Mut, Nein zu sagen, wenn du anderer Meinung bist. Es sei denn, fünf von fünf unabhängigen Testlesern merken dasselbe an. Dann solltest du die Änderungen vornehmen.

Ganz am Ende der erste Eindruck – Der Titel

Der Titel ist das Erste, was andere von deiner Geschichte lesen, und die letzte große Hürde für dich. Noch einmal musst du alles geben, um eine Formulierung zu finden, die Interesse weckt und magisch anzieht. Eine langweilige Überschrift verheißt dem Leser nämlich eine langweilige Geschichte. Und das willst du doch nicht, oder? Sieh deshalb davon ab, den Namen deiner Hauptfigur oder »Mein schönstes Ferienerlebnis« über deinen Text zu schreiben. Solche Titel machen einfach nicht neugierig, weil sie bereits bekannt sind und tausendfach wiederholt wurden oder

Die beste Überschrift gesucht

Welche Buch- oder Geschichtentitel haben sich
in dein Gedächtnis eingebrannt? Stelle deine
Top drei zusammen und halte eine Lobesrede
auf sie: Was zeichnet Platz eins, zwei und drei
aus? Warum haben sie dich in ihren Bann ziehen können? Was findest du so toll an ihnen?

man sich nichts unter ihnen vorstellen kann. Hundertmal anziehender als »Doris Petermanns Tagebuch« ist da doch zum Beispiel »Die Unwetterwarnung«. Wie das kommt? Mit einer Unwetterwarnung kann jeder etwas verbinden: dunkle Wolken, Orkanböen, Gefahr. Automatisch denkt man, das muss einfach aufregend sein, und hat ganz viele Ideen, worum es in der Geschichte gehen könnte. Das Gehirn rattert auf Hochtouren und das Herz klopft, bevor man überhaupt mit der Lektüre begonnen hat. Doris Petermann lässt einen hingegen kalt. Immerhin kennt man sie nicht. Wieso sollte ihr Tagebuch dann auch nur im Geringsten spannend sein?

Häufig sind die kürzeren Titel die besseren, weil der Leser sie schneller versteht und sich leichter an sie erinnern kann. Manchmal gelingt es aber auch wortreichen Überschriften, im Erinnerungsvermögen ein kuscheliges Plätzchen zu ergattern. Wie? Sie stellen zum Beispiel eine kuriose Behauptung auf, wie *Ich reiß mir eine Wimper aus und stech dich damit tot* oder spielen mit der Sprache und deren Klang wie *Der alte Mann und das Meer* und *Vom Winde verweht*. Wenn dir etwas wirklich Witziges, Überraschendes oder Wohlklingendes eingefallen ist, kannst du es also gern als Titel für deine Geschichte verwenden.

Von einem irreführenden Titel ist allerdings abzuraten. Das heißt: Komme in deiner Überschrift nur auf Inhalte oder Bilder zu sprechen, die später auch in deiner Geschichte auftauchen. Hinter »Milchkaffee mit extra Charme« vermutet jeder eine romantische Lovestory, deshalb solltest du keine Horror-Geschichte so benennen. Sofern du das Vertrauen des Lesers nicht riskieren möchtest, sollte übereinstimmen, was du ankündigst und was die Geschichte dann liefert.

Hier noch einmal zum Abhaken – diese Kriterien sollte der endgültige Titel deiner Geschichte erfüllen:

- Er sollte einprägsam sein.
- Er sollte ausdrucksstark sein.
- Er sollte Emotionen hervorrufen und die Fantasie anregen.

◯ Er sollte auf das Thema deiner Geschichte hinweisen.

◯ Er sollte nicht schon vergeben sein.

Ein Tipp: Wenn du partout nicht auf einen solchen Titel kommst, dann wirf einen Blick auf deinen Text. Manche Wendungen, Sätze oder Worte geben mit Sicherheit eine gute Überschrift für deine Geschichte ab.

5 x Ganz unbedingt ...	5 x Bitte nicht ...
+ sich zwischen dem letzten Punkt und dem ersten Überarbeitungsgang eine Auszeit nehmen. Du solltest etwas Abstand zu deinem Text gewinnen, ehe du ihn korrigierst.	− verzweifeln, wenn sich beim ersten Lesen große Probleme auftun. Du hast sie erkannt, dann kannst du sie auch lösen. Tschakka!
+ auch auf die Details achten. Ist alles folgerichtig oder haben sich kleine Denkfehler eingeschleust?	− beim Streichen zu zaghaft sein. Alles, das weg ist, kann niemanden mehr verärgern!
+ kürzen, kürzen, kürzen. Das tut jeder Rohfassung gut.	− gekränkt sein, wenn die Kritik der Testleser hart ist. Sie wollen dir nur helfen.
+ Testleser um ehrliche Kritik bitten. Dir ist nicht geholfen, wenn du deine Eltern bittest, deine Geschichte zu lesen, und sie ausschließlich Lob über dich ausschütten.	− auf Rechtschreibung und Grammatik pfeifen. Das hinterlässt bei den Testlesern einen miserablen Eindruck.
+ im eigenen Text auf Titelsuche gehen. Es gibt bestimmt eine Formulierung, die du auch als Überschrift verwenden kannst.	− irgendeinen Titel für deine Geschichte aussuchen, sondern Gehirnschmalz investieren. Die Überschrift entscheidet, ob die Geschichte gelesen wird oder nicht.

Am Ende der Etappe angekommen

Ein kleines Nachwort

Das ist es nun, das Ende unserer gemeinsamen Tour durch die Welt des Schreibens. Das erste Zwischenziel auf deinem Weg zur perfekten Geschichte hast du damit erreicht, die Etappe eins deiner Schriftstellerlaufbahn gemeistert. Du beherrschst nun die Grundlagen, kennst hilfreiche Kniffe und bist in die Geheimnisse des Erzählens eingeweiht. Du bist jetzt auf Kurs und musst dich nur noch trauen, die nächsten Schritte deiner Reise allein zu machen. Denn wie du weißt, braucht man nicht nur einen Plan, sondern auch viel Training und Ausdauer, um den Olymp der Literatur erklimmen zu können.

Wenn du jetzt einen Moment zweifelst, ob du die Kraft dazu besitzt: Die hast du. Immerhin hast du bis hierhin durchgehalten, auch wenn du manchmal vielleicht alles hinschmeißen wolltest. Doch das ist völlig in Ordnung, schließlich fluchen wir vor allem über die Dinge, die uns am Herzen liegen. Und zwar laut, ungezügelt, voller Inbrunst – große Gefühle gehören eben dazu. Überleg nur mal: Was wären denn Geschichten und Autoren ohne sie?

Also trau dich, so wie du dich zu Beginn dieses Buches getraut hast. Nutze die Ratschläge, probiere dich aus, schreibe weiter. Den Willen, eine der ganz Großen zu werden, besitzt du bereits. Jetzt fehlt dir nur noch ein wenig Übung. Also auf zur nächsten Etappe. Oder wie es dir dein Schriftsteller-Kollege Johann Wolfgang von Goethe einst geraten hätte: »Was immer du tun kannst oder erträumst zu können, beginne es. Kühnheit besitzt Genie, Macht und magische Kraft. Beginne es jetzt!«

Annika Kühn, Berlin, 2010

RAUM FÜR DEINE IDEEN

Lösungen der Aufgaben

Kapitel 2: Gangster, Gnome und die große Liebe
Oh nein, ich weiß nicht, wo ich hingehöre:
Detektiv & Krimi, Astronaut & Science-Fiction, Elfe & Fantasy,
Vampir & Horror oder Fantasy, Abenteurerin & Abenteuer,
verliebtes Mädchen & Liebesgeschichte

Kapitel 3: Willkommen zu Spannung, Stress und schweren Entscheidungen
Musikalische Selbstzerfleischung:
1. Soll ich treu bleiben oder nicht?
2. Was zählt für mich mehr: Freundschaft oder Liebe?
3. Soll ich meine Zeit mit meiner Freundin oder mit meinen Kumpels verbringen?

Kapitel 6: Das Raum-Zeit-Kontinuum
Irgendwas stimmt doch hier nicht:
Die Fehler sind:
1. Das Handy in der Hemdtasche: Das Patent für das schnurlose Telefon wurde 1908 in den USA angemeldet. Populär wurde es erst zu Beginn der Neunziger.
2. Die USA-Flagge: Die Vereinigen Staaten von Amerika wurden 1776 gegründet. Die Flagge mit den fünfzig Sternen, die für die fünfzig Bundesstaaten stehen, haben sie sogar erst seit 1960.
3. Das Buch in der Hand der Figur: *Die Räuber* von Friedrich Schiller erschien 1781.
4. Die Figur trägt Jeans: Levi Strauss fertigte die ersten Jeans erst 1873. Sie waren als robustes Kleidungsstück für Goldgräber und Landwirte gedacht.
5. Der Oldtimer: Carl Benz meldete das Patent für den ersten Motorwagen, also das erste Auto, 1886 an.

Kapitel 7: Die hohe Kunst der ersten und der letzten Zeile
Mein oder dein Satz, das ist hier die Frage:
1c, 2a, 3b, 4e, 5d, 6f

Kapitel 8: Im Kampf mit Satzmonstern und inneren Schweinehunden
Hilfe, ein Eindringling:
klug ≠ niveauvoll
Ausflug ≠ Auslauf
tanzen ≠ schleudern
berühmt ≠ bewegt
Schönheit ≠ Gelassenheit

Kurz mitgeteilt:
Hi, Steffi. Lass uns [uns] mal nachher treffen. [Ich schlage vor, dass wir uns] Gegen 15 Uhr im Park [verabreden]. [Ich] Hab einiges über mein Date mit Frederik zu erzählen. ;-) [Hast du] Lust [auf das Treffen]? [Ich] Würd mich [darüber] freuen [, dich zu sehen]. *[Ich] knutsch[e dich]. [Deine] Verena

Kapitel 9: Und zum Schluss noch einmal ganz von vorn
Zeit, sich zu verabschieden:
~~Etwa~~ drei Stunden, nachdem sie ~~eigentlich~~ hatte zu Besuch kommen wollen, klopfte Katrin ~~ziemlich~~ zerzaust und ~~reichlich~~ atemlos an der Tür. Allem Anschein nach war sie ~~vor ihrem jetzigen Besuch~~ in einen ~~relativ~~ heftigen Kampf verwickelt gewesen. Sie hatte ~~einige~~ Kratzer im Gesicht und ~~überdies viele weitere Kratzer~~ auf den Armen. Aus ihrer ~~hübschen~~ Nase tropfte ~~außerdem ein wenig rotes~~ Blut auf ihren ~~schlecht sitzenden~~ Pullover. Ich wollte ~~selbstredend möglichst bald~~ wissen, was ihr geschehen war, zog sie ~~also~~ ins Haus und bombardierte sie ~~reichlich~~ mit ~~allerhand~~ Fragen. Wer ihr das angetan hätte? Und warum? Und wie es dazu gekommen sei? Katrin wollte ~~zuerst schlichtweg überhaupt gar~~ nichts ~~dazu~~ sagen. Es dauerte ~~ungefähr~~ sechzig Minuten und zwei Tassen Kaffee, ehe sie die ersten und einzigen ~~paar~~ Worte ~~quasi ganz leise~~ vor sich hinmurmelte: »Diese gottverdammte Katze.«

Literaturverzeichnis

Abedi, Isabel: Whisper. Würzburg: Arena Verlag 2005. | Adams, Douglas: Per Anhalter durch die Galaxis. München: Wilhelm Heyne Verlag 2005. | Bredow, Katarina von: Ludvig meine Liebe. Weinheim und Basel: Beltz Verlag 1998. | Clare, Cassandra: City of Bones – Chroniken der Unterwelt. Würzburg: Arena Verlag 2008. | Ellroy, James: Blut will fließen. Berlin: Ullstein Verlag 2010. | Dogar, Sharon: Salzwassersommer. Würzburg: Arena Verlag 2009. | Frisch, Max: Stiller. Frankfurt am Main: Suhrkamp Taschenbuch 1954. | Funke, Cornelia: Tintenherz. Hamburg: Cecilie Dressler Verlag 2003. | Gier, Kerstin: Rubinrot – Liebe geht durch alle Zeiten. Würzburg: Arena Verlag 2009. | Grass, Günter: Der Butt. Frankfurt am Main: Fischer Taschenbuch Verlag 1979. | Kafka, Franz: Die Verwandlung. Mannheim: Artemis & Winkler Verlag 2006. | Mann, Thomas: Buddenbrooks – Verfall einer Familie. Frankfurt am Main: S. Fischer Taschenbuch Verlag 1909. | Marzi, Christoph: Heaven – Stadt der Feen. Würzburg: Arena Verlag 2009. | May, Karl: Winnetou I. Bamberg: Karl-May-Verlag 1992. | Meyer, Stephenie: Bis(s) zum Abendrot. Hamburg: Carlsen 2010. | Meyer, Stephenie: Bis(s) zur Mittagsstunde. Hamburg: Carlsen 2009. | Niemi, Mikael: Populärmusik aus Vittula. München: Wilhelm Goldmann Verlag 2002. | Palm, Anna: Karamellsommer. In: Frühlingsflattern, hg. von Annika Kühn und Sylvia Gelinek. Berlin: Schwarzkopf & Schwarzkopf Verlag 2010. | Poe, Edgar Allan: Der Untergang des Hauses Usher. In: Edgar Allan Poes Werke: Gesamtausgabe der Dichtungen und Erzählungen, hg. von Theodor Etzel. Berlin: Propyläen-Verlag 1922. | Poppe, Grit: Weggesperrt. Hamburg: Cecilie Dressler Verlag 2009. Poznanski, Ursula: Erebos. Bindlach: Loewe Verlag 2010. | Rowling, Joanne K.: Harry Potter und der Stein der Weisen. Hamburg: Carlsen Verlag 1998. | Salinger, Jerome D.: Der Fänger im Roggen. Köln: Kiepenheuer und Witsch 1962. | Süskind, Patrick: Das Parfum. Zürich: Diogenes Verlag 1994. | Teller, Janne: Nichts. Was im Leben wichtig ist. München: Carl Hanser Verlag 2001. | Tolstoi, Leo: Anna Karenina. München: Patmos Verlag 2007. | Tolstoi, Leo: Krieg und Frieden. Düsseldorf/Zürich: Artemis & Winkler Verlag 2000.

DIE AUTORIN

Ihre ersten Kurzgeschichten verfasste Annika Kühn, Jahrgang 1986, in der Grundschule. *Mein schönstes Ferienerlebnis* und Co. waren nicht gerade kunstvoll, aber der Beginn ihrer Schreibleidenschaft. Es folgten: Eine Jugend voll schmalziger Gedichte, ein Abschluss in Journalistik und zahlreiche Veröffentlichungen in Zeitungen. Als Herausgeberin der Anthologie *Frühlingsflattern* hat die gebürtige Rostockerin außerdem Tausende Kurzgeschichten junger Mädchen gelesen. Zur Zeit lebt sie in Berlin und blättert ab und an in ihren schriftstellerischen Erstversuchen.

Annika Kühn
WIE SCHREIBE ICH EINE KURZGESCHICHTE
*Mit allen Zutaten für schaurige Vampirlegenden,
herzzerreißende Liebesgeschichten, rasante Freundinnenabenteuer,
überraschende Komödien und kreative Fantasystorys*

Mit Illustrationen von Jana Moskito

ISBN 978-3-89602-575-3

KATALOG
Wir senden Ihnen gern kostenlos unseren Katalog
Schwarzkopf & Schwarzkopf Verlag GmbH / Abt. Service
Kastanienallee 32 | 10435 Berlin
Telefon: 030 – 44 33 63 00 | Fax: 030 – 44 33 63 044

INTERNET | E-MAIL
www.schwarzkopf-schwarzkopf.de
info@schwarzkopf-schwarzkopf.de